*Dieter Hildebrandt*
Gedächtnis auf Rädern

# Dieter Hildebrandt

## Gedächtnis auf Rädern

Zeichnungen von
Dieter Hanitzsch

Karl Blessing Verlag

Umwelthinweis:
Dieses Buch und der Schutzumschlag wurden auf
chlorfrei gebleichtem Papier gedruckt.
Die Einschrumpffolie (zum Schutz vor
Verschmutzung) ist aus umweltfreundlicher und
recyclingfähiger PE-Folie.

Der Karl Blessing Verlag ist ein Unternehmen der
Verlagsgruppe Bertelsmann.

1. Auflage
© Copyright 1997 bei
Karl Blessing Verlag GmbH, München
Umschlaggestaltung: Network, München,
unter Verwendung eines Fotos von
Margarete Motrach, München
Satz: Filmsatz Schröter, München
Druck: Graphischer Großbetrieb, Pößneck
Printed in Germany
ISBN 3-89667-022-0

*Für meine Brüder im Glase
Dieter Hanitzsch und
Rolf Cyriax, meinen Lektor*

## INHALT

| | |
|---|---|
| Vorwort | 9 |
| Damals war gestern | 13 |
| Zeitgeist | 20 |
| Es kommt auf die Sekunde an I | 37 |
| Es kommt auf die Sekunde an II | 41 |
| Wo geht es zum ersten Platz? | 46 |
| Wissen abschütteln | 50 |
| Bayern und die kleinen Freiheiten | 66 |
| Mit 70 Gedächtnis wie mit 20 | 79 |
| Heines | 82 |
| Lallinger | 89 |
| Den kenn ich. Wer war das? | 101 |
| Wo bleibe ich zuletzt? | 114 |
| Hat es Schlesien gegebien? | 125 |
| Über Brücken | 135 |
| Eine Nacht am Dom | 144 |
| Dippdipp | 149 |
| Der Homo ludens televisionis | 156 |
| Wie frei ist der Journalist? | 172 |
| Guten Morgen, Alter! | 177 |
| Wohin mit uns | 184 |
| Denn sie wissen, was sie nicht tun | 190 |

Wer bezahlt das? 194
Krieg den Hütten – Alles bestens bei den Palästens! 196
Gedächtnis in Ketten 200
   *1. Akt: Die Hose*
   *2. Akt: Der Held*
   *Rütze*
   *3. Akt: Der Betrüger*
   *Epilog: Die Nase*
Landser des Lächelns 216
Wenn die Elisabeth ... 228
Das Wurzelwerk des sozialen Friedens 232
Gib Laut – sprich Sprache 236
Geschichten bleiben Eigentum 246
»Wie froh bin ich, daß ich weg bin!« 250

## VORWORT

Man schreibt seine Lebenserinnerungen nur einmal. Und danach hat man die Aufgabe, unverzüglich zu sterben.

Wenn das nicht gelingt, fängt man an, an dem ersten Buch zu zerren, zu zausen und zu mäkeln. Was bleibt mir übrig, als ein zweites zu schreiben, was ich nur mit Hilfe von Tausenden von Denkzetteln zustande brachte, woran ich nun aber wieder zupfe und zicke, was dazu führte, daß ich mich entschloß, endlich die Geschichten zu erzählen, die ich in den ersten zwei Büchern weggelassen habe.

Das Problem, das nun entstanden ist, entbehrt nicht der Komik. Inzwischen bin ich merklich älter geworden, in Würde und totaler Gelassenheit, versteht sich, habe also Anspruch darauf, ernst genommen zu werden, wenn ich feststelle: Den gesamten Kritikansatz an den ersten beiden Büchern habe ich total vergessen.

Gut, ich habe niemandem versprochen, etwas Wesentliches zu irgendwas Wesentlichem im wesentlichen Bereich der Literaturverschredderung beizutragen. Kein warnender Finger soll sich steif stellen, keine Reaktion von Gutmenschen sich einstellen. (So heißen die jetzt, die Zahlkarten für Amnesty ausfüllen.)

Vor allem soll sich bei dem Titel *Gedächtnis auf Rädern*

nicht der Verdacht entwickeln, es könnte sich bei mir um einen handeln, der erbsenzählend die Ein- und Ausfälle gegeneinander aufrechnet. Menschen, die aus Gewohnheit vor Publikum auftreten, haben es längst aufgegeben, die Sesselsitzer da unten beschwindeln zu wollen. Es gelingt nicht.

Weitaus schwerer ist es, Leser zu belügen.

Sie sind nämlich im Besitz einer Waffe, die sie, wenn sie erst mal mißtrauisch geworden sind, ohne Gnade anwenden: Sie slowmotionieren. Zur Erklärung muß ich eine ganz kleine Geschichte erzählen, die Sie mir, bitte glauben Sie mir … verdammt, da liegt man ja fast auf den Knien! … abnehmen *müssen*.

Als eingetragenes Mitglied des Fußballvereins SV-Waldperlach (im Einzugsbereich der Telefonleitzahl 089) stand ich in angeregtem Gespräch mit einem der verdienstvollen Funktionäre des Vereins, die übrigens unbezahlt und unkorrumpiert arbeiten, was nie jemand glauben will. Himmeldonnerwetter, woher soll denn da überhaupt Geld kommen? Ich bitte um Entschuldigung. Und zwar deswegen, weil man vom Thema, passiert mir immer wieder, so knirchknarch zum wirklichen Anliegen abgleitet. Wo waren wir? Hallo Gedächtnis! Sehen Sie, und da setzt der ambulante Gedächtnisdienst ein, wirft sich in ein Auto, auf ein Fahrrad, egal worauf, Hauptsache, es hat Räder.

Telefonisch ist man in solchen Situationen nicht erreichbar, weil man sämtliche Informationsquellen (Neu-Duden-Deutsch: Kwellen?) ausschöpft. Anruf bei der *Süddeutschen Zeitung*, die ich seit Jahrzehnten selbstlos bezahle und beziehe: »Wo stehe ich?«

Antwort: »Abseits!«

Dankää! Fußballspiel in Waldperlach. Der Funktionär und ich plaudern über die Höhe der Sponsorensummen des örtlichen Zerwirk- und Zerquetschindustriellen, da schien hinter meinem Rücken ein Tor gefallen zu sein. Menge (132 Fans) jubelt, und der Funktionär sagt schadenfroh: »Schönes Tor. Schade, haben Sie *leider* nicht gesehen.«

Und ich antworte: »Na und? Kommt ja gleich noch mal in Slow motion.«

Ich schwöre, daß es genau so gewesen ist.

Na ja, gut.

Dann hat es auch überhaupt keinen Sinn, zu erzählen, daß meine Träume sich fast alle realisiert haben. Ich treffe in meinen Träumen Menschen, die ich noch nie in meinem Leben gesehen habe; und irgendwann später treffe ich diese Menschen im real existierenden Leben, und sie wissen nichts davon. Ich bin in ihren Träumen offensichtlich nicht vorgekommen.

Seltsamerweise aber tun sie so, als ob sie mir schon einmal begegnet sind. Und da fange ich langsam an, an dieses Déjà-vu-Erlebnis zu glauben. Dieses sichere Gefühl, man sei Gott schon einmal begegnet. Er hat deutsch gesprochen, hat sich wie ein Mensch benommen und behauptet, seine Verbindungen zum Suhrkamp-Verlag seien gut und die Kochrezepte von Günter Grass seien in Wirklichkeit von ihm, und, sagte er, Burda habe ihm versprochen, er bekäme im nächsten Jahr den Bambi. Das wiederum, sagte Gott, hätte ihn gerührt, weil sein Einfluß auf die Menschen sich seit der Einführung des Fernsehens drastisch vermindert hätte. Besonders auf die

Deutschen. Denn Gott ist Deutscher. Es muß so sein. Sonst wäre der Massenmörder Göring nicht so gnädig, Himmler nicht so beiläufig und die I.G.-Farben nicht so himmelschreiend ungerecht gut aus der Geschichte verschwunden.

Einmal ist mir im Traum der tiefbraune Ärzte-Obergruppenführer Sewering erschienen. Sewering stand im Führerbunker, sah, daß es aussichtslos war, Hitler zur Rücknahme des Antisemitismus zu bewegen, und ließ seinen Führer mit einer Überdosis von irgendwas sterben.

Das größte Verbrechen bestand darin, den Todesengeln nicht bei ihrer Todesangst zuschauen zu dürfen.

Und da sind wir bei Goldhagen und dem doch erstaunlichen »Feedback«.

Goldhagen darf mich fragen, was ich als Junge im Alter von sieben Jahren aufgenommen habe, als ich von meinem Vater auf dem Marktplatz von Bunzlau (Schlesien) über die Auswirkungen des »Röhm-Putsches« erfuhr. Ja, das sind die Geschichten, die ich bisher noch nicht erzählt habe.

Ach ja, Sewering hat Hitler wirklich nicht umgebracht. Es ist nur schade, daß manches nicht so läuft, wie die Geschichte es fordert.

Meine Erinnerung läßt nach und nach immer mehr nach, und im nächsten Jahr könnte ich schon behaupten, ich sei ein Verbindungsmann der Gestapo zum stalinistischen Geheimdienst gewesen. Der *Stern* würde es mir glauben. *Stern TV* auch. Man muß nur glaubwürdig alt genug sein.

Diese Vorbedingung erfülle ich.

Ich kannte Gott noch, als er Interesse für uns hatte.

## DAMALS WAR GESTERN

Es wird mein Tod sein. Irgendein glühendes Donnerding wird mich durchbohren, und ich werde den Waldrand nicht mehr erreichen. Eine Lightning, ein tieffliegendes amerikanisches Mordflugzeug mit einem ungeheueren Getöse und einem schrillen Pfeifen setzt zur Jagd an auf mich, den kleinen Gemeinen der Deutschen Wehrmacht, der mit dem Fahrrad die Meldung an den Gefechtsstand des Bataillons bringen soll, daß meine Kompanie sich zurückgezogen hätte, setzt also zur Jagd auf einen Radfahrer an, der sein Fahrrad wegschmeißt und in »volle Deckung« geht. Was eine *halbe* Deckung sein könnte, habe ich mal meinen Feldwebel gefragt. Es hat mir danach körperliche Unannehmlichkeiten eingebracht.

Nicht ablenken.

Dieser idiotische amerikanische Pilot in diesem dämlichen Mordvogel hatte vermutlich Langeweile und schoß mit seinen Bordkanonen auf alles, was sich unten bewegte. Heute ist mir klar, daß man die Geschichte der amerikanischen Befreier auch mal von anderen Seiten betrachten müsse.

Es ist eben so, daß Soldaten ab einer gewissen Zeit generell idiotisiert und dann tatsächlich Mörder sind.

Der Killer ist jetzt direkt über mir, dieses wahnsinnige Tieffliegergeräusch – gleich kommt der süße Tod fürs Vaterland ... da werde ich gerüttelt. Es ist Renate, und der Tieffflieger war ich. Hhhrrrr! Sie fragt mich, welche Sportart ich in meinem Traum betrieben hätte, sie hätte sich vor mir in Sicherheit bringen müssen. Ich sage ihr, ich sei Fahrrad gefahren.

So fängt dieser Tag schon mal an.

Dann beginnt das Brillenturnen. Das Haus hat zwei Treppen, mit dem Keller drei. Ich besitze fünf Brillen, zwei nah, zwei fern, eine Sonne. Renate verstreut ihre 14 Brillen im ganzen Haus. Also 19 Brillen – drei Treppen. Wo ist wann welche? Könnte ich wenigstens, wenn ich im falschen Stockwerk bin, die Fernbrille von Renate oder sie meine Kurzbrille im Keller beim Einstellen der Waschmaschine, ich wiederum ihre leichte Kurzsichtigkeitsbrille beim Fernsehen ... nein. Ich kann durch ihre nichts, sie durch meine überhaupt nichts sehen.

Warum hat sie verdammt noch mal so viele Brillen? Weil sie sie immer vergißt. Dann kauft sie sich neue. Das sind in der Regel gefärbte Wegwerfsehhilfen, die aber nicht weggeworfen werden, im Gegenteil die Gesamtbrillenübersicht innerhalb des Hauses erschweren.

Wenn Renate in Quakenbrück beim Ausstrecken der linken Hand keine Brille findet, kauft sie sich für 2,50 Mark eine neue. Nun geraten meine höchst diffizilen, von Augenarzt und Optiker geprüften, geschliffenen, teuren, aber im Aussehen ähnlichen Sehprothesen zwischen ihren nicht so ernstgemeinten Nasenschmuck.

Ich möchte dieses Chaos nicht unnötig ausschmükken. Schon deshalb nicht, weil damit ein schwarzes Licht

(eine absolut untaugliche Metapher) auf meinen zunehmend ins Defizit geratenden Gedächtnishaushalt fallen
würde. Das heißt, ich vergesse einfach, daß es möglich
sein könnte, etwas, was ich unbedingt lesen möchte,
oben zu lesen, weil oben auch die Lesebrille ist, ohne die
gar nichts geht. Statt dessen gehe ich nach oben, lasse den
Lesestoff unten, hole die Lesebrille runter und stelle fest,
daß es die Fernbrille ist. Renate kommt und stellt fest,
daß es die ihre ist, die sie oben braucht, um etwas zu
lesen ... es ist nicht zu schaffen. Vor einer Woche, es war
ein Sonntag, hatten wir beschlossen, ein absolut krisen-
sicheres Lesen der Sonntagszeitungen zu veranstalten,
also sämtliche Brillen im Haus zu sammeln und dann in
Ruhe oben im Bett ... wir zählten 17 ... eine meiner
zwei Lesebrillen hatte ich im Zug von Kassel nach Mel-
sungen liegengelassen ... und die andere Lesebrille, die
jetzt noch fehlte ... war natürlich unten!

Aber ich habe ein ganz anderes Problem.

Manchmal frage ich mich: Kommt das Alter? Oder ist
es schon da?

Wenn mich jemand abrupt nach meinem Namen fragt
... also ... ich meine, er fällt mir dann schon wieder ein,
aber sofort zucke ich zusammen und denke mir: das
Alter.

Manchmal fällt mir der Name von jemandem einfach
nicht mehr ein, weil ich, wahrscheinlich aus einer puren
Antipathie heraus, beschlossen habe, daß ich ihn vergessen haben sollte. Dieses Cheflabor, das man leichtsinnig
und oberflächlich meistens Hirn nennt, selektiert Personen und Ereignisse. Gegen meinen Willen. Aber wo ist
der untergebracht?

Wenn es wirklich so ist, daß die Welt nicht jene regieren, die die besten Propaganda-Apparate bezahlen, sondern immer mehr und immer wirksamer die großen drei Philosophen des 20. Jahrhunderts, nämlich Parkinson, Peter und Murphy, dann könnte ein unglaublich hoffnungsträchtiger Gedanke ganz vorsichtig angedacht werden, daß nämlich Gott Humor hat.

Aber wirklich vorsichtig. Er läßt Dinge zu und er läßt Dinge offen. Bei denen, die er zuläßt, sagen wir, ja das ist alles sehr schrecklich, aber diese Dinge sind für Gott zu klein; bei dem, was er offenläßt, sagen wir: Vertrauen wir auf Gott. Wir sollten uns mal entscheiden, mit welchen Mitteln wir die Menschen betrügen wollen.

Jetzt fällt mir langsam schon der eine oder der andere Apostel nicht mehr namentlich ein. Liegt es an der Geschichte, oder ist es das Alter? Also meins.

Früher konnte ich *jeden* Minister im Kabinett der Bundesrepublik auswendig! Und das Gesicht und der Name paßten zusammen. Heute? Ich stehe vor dem Fernsehapparat … früher habe ich gesessen, heute stehe ich, weil es das Hinsetzen meistens nicht mehr lohnt! Ich stehe also da, sehe einen Menschen irgendwas reden und denke mir: Ach nee! Das ist also der Dings … der … der Verkehrsminister, aber der sagt etwas, was ich nicht mit seinem Beruf in Verbindung bringen kann. Er sagt sowas wie: »Dazu machte meine Mutter mir immer Vanillesoße.« Mitten hinein in diesen Verkehrsminister platzt ein mir völlig unbekannter Mensch mit der dramatisch traurigen Mitteilung, daß ein Bus in Niederpörtschach umgekippt sei und unter den zwanzig Toten auch der Schwiegervater …

16

BÖTSCH!

Das ist der Verkehrsminister!

Nein. Das ist falsch. Bötsch ist der ... Dings, der ... Marienhof! Das ist es! Der Verkehrsminister spielte eine Rolle in dieser täglichen Seife und sagte das, was man ihm geschrieben hatte, mit der Vanillesoße, und der mit dem Bus in Niederpörtschach umgekommene Schwiegervater war nicht seiner, sondern ein Schauspieler aus der Serie, der nicht mehr weiter zu verwenden war, weil er seinen Text nicht mehr behalten konnte.

Alles geklärt. Gott sei Dank. Aber wer ist Bötsch?

Wie stellt man sich so einen Gedächtniskomplex im Regierungsgebäude des eigenen Kopfes vor?

So unendlich lange Gänge mit vielen, vielen Türen, die, wie bei einer Komödie von Feydeau, aufspringen, zuklappen, aufspringen, zuklappen, und aus denen springen auf die Fragen, die durch die Gänge hallen, die Antworten heraus. Manchmal blitzschnell. Zum Beispiel auf die Frage: »Wann hat die Bundesrepublik Geburtstag?«, ist die Türe freudig und blitzschnell aufgeflogen: »Am 23. Mai!«

Zugegeben, das ist zufällig auch mein Geburtstag. Aber imponierend ist es schon, daß ich das einfach so weiß.

Manchmal öffnen sich die Türen nur zögernd. Manchmal klemmen sie direkt. Manchmal bleiben sie einfach geschlossen!

Das Alter? Nicht immer. Es kann nämlich sein, daß ich aufgrund meines mir selbst bekannten Alters glaube, daß mir die Antwort auf die Frage gar nicht einfallen *kann*. Das heißt, die Türen verriegeln sich automatisch. Sofort nach dem spontanen »Ich werde es nicht wissen« weiß man's wieder.

Postminister!

Der Bötsch ist Postminister. Der einzige Minister, der etwas ministriert, was es gar nicht mehr gibt.

Dieser selbst inszenierte Gedächtnisausfall kann bis zu 20 Sekunden dauern.

Zwanzig Sekunden! In dieser Zeit ist ein guter Sprinter schon zweimal Olympiasieger geworden.

Einer ist sogar 9,83 gelaufen. Der Dings ... der ... Schon wieder weg. Ich habe sein Gesicht vor mir.

Zunehmend verdingsen sich die Erinnerungen. Je schneller die Antwort in den Gedächtnishallen bei mir da oben gefordert wird, um so langsamer gehen die Türen auf.

Und eines Tages, eines fernen Tages – morgen oder wann? – gehen sie gar nicht mehr auf.

Vielleicht deshalb, weil die Gänge verschmutzt sind.

JOHNSON!

Johnson lief 9,83.

Also durchspülen, die Gänge. Mit Bier, mit äh ... mit dem, womit die Amerikaner sich ruinieren ... ein Grappa hinein und – jetzt weiß ich es wieder: »Martini!«

Dann verläßt der Kopf die Zunge. Sie wehrt sich tapfer, aber sie verweigert sich und tut dann etwas, was der Kopf, sich selbst schüttelnd, verächtlich mit *lallen* bezeichnet. Aber er hat die Macht verloren und sagt resigniert: »Wetten, wenn ich aufstehe, machen die blöden Knie wieder schlapp.«

Zu solch einem schrecklichen Vorgang sagen die langsam verhaßten Nichttrinker: »Er hat sich vergessen.«

Da geht also ein ganz anderer nach Hause, aber er selbst bleibt an der Theke.

Und dann kommt unausweichlich der Moment, wo man es nicht mehr für nötig hält, seinen eigenen Namen zu wissen, weil der ja schon zu Hause ist.

Das bißchen, das von einem an der Theke übrigbleibt, läßt man dann nach Hause fahren. Auf irgendwelchen Rädern.

Man kommt nach Hause, sagt zu sich: »Ach, da bist du ja schon«, legt sich zu ihm ins Bett und wacht gemeinsam am nächsten Morgen auf.

Dann weiß man nicht viel, aber eine furchtbare Gewißheit hat man: Eine von den wirklich wichtigen Brillen hat man an der Theke vergessen.

Und eine nicht so furchtbare, aber beunruhigende hat man auch noch: Der Geist wird auf diese Weise keine Zeit haben, sich zu entwickeln.

Aber, so sagt der Österreicher: Wenn's der Körper verlangt?

## ZEITGEIST

Vor Erscheinungen wird immer wieder gewarnt, weil sie nur nacherzählt werden können von dem, der sie hatte. Auf diese Weise ist Lourdes entstanden, und viele andere Örtlichkeiten in der katholischen Welt begründen ihren Wohlstand auf der »Tatsache«, daß ein Kind der Gemeinde die Jungfrau Maria gesehen und gesprochen hat. In den meisten Fällen ist es wirklich ein Kind, das gläubig und schwindelfrei ist und dem die Erwachsenen gern folgen.

Der nächste Schritt sind die Devotionalia con Wursti, dann kommen die Pilgerzüge mit den Frommen, für die man extra einen Weg, über den man ihnen trauen darf, gebaut hat, dann kommt die Untersuchungskommission des Vatikans, deren Mitglieder von vornherein mißtrauisch sind, weil die Jungfrau Maria ihnen noch nie erschienen, was hierarchisch gesehen auch eine Unmöglichkeit ist, woraufhin sie wieder nach Hause (Vatikan) fahren und getreu melden, daß man auch in diesem Falle nicht mit einer direkten Kontaktaufnahme der Jesusfamilie mit der Heiligenvaterverwaltung zu rechnen habe. Daß Jesus sich über seine Mutter in das Weltgeschehen einmischt, ist eigentlich keine schlechte Idee, kann aber nur von Gegnern der katholischen Überlebenslehre aufgebracht worden sein, die ja wissen müssen, daß Frau immer Versuchung des Fleisches ist, also … der Mann versucht den Verdacht des Rinderwahnsinns auf die Frauen abzuschieben.

Die Macht hat er. Noch immer. Oder vielleicht schon wieder. Der Marsch der Frauen durch die Institutionen hat ein irrwitziges Tempo. Links rein und rechts ganz schnell wieder raus. Es hat übrigens noch nie einen Generalstreik der Frauen gegeben. *Aller* Frauen! Wie lahmgelegt wäre diese Republik? Ziemlich.

Die Schilderung der Folgen erspare ich mir. Nur soviel sei gesagt: Eine Männerrevolution wird es in den nächsten 100 Jahren nicht mehr geben. Sie haben den Angriff der Frauen fürs erste abgewehrt. Das hat viele Kräfte gekostet.

In diesem Jahrzehnt hatten viele weitsichtige Philosophen das Ende der Partnerschaft zwischen Frauen und Männern vorausgesagt. Sie trauen sich noch nicht, die Frauen. Aber es beginnt sich abzuzeichnen, daß der Abbruch der Beziehungen zwischen Männern und Frauen der erste wirkliche Bürgerkrieg in Deutschland werden wird. Grauenhafte Vorstellung, wenn die Ehefrau dem Ehemann auf einem Zettel mitteilt, es könnte ab sofort in jedem Essen Gift sein und überall in der Wohnung wären Sitzminen verteilt. Seit langem warte ich darauf, daß die Frauen endlich eine solidarische Kampffront bilden und den wirklich letzten Krieg beginnen, der auf diesem Erdball noch stattfinden wird: Frauen gegen Männer.

Frauendivisionen befreien die afghanischen Schwestern vom Fundamentalisten-Mob. In Birma, Algerien, im Iran, im Irak, in Ostwestfalen-Lippe, Bayern und in Nordchina, in Nord-Süd-Ost- und West-Spanien, Ägypten und, um es abzukürzen, in fast der gesamten Welt werden die Patrialisten, die ihre Angst vor Impotenz mit Religiosität verschwindeln, in ihr eigenes Sperma getaucht, bis endlich Ruhe ist und die Waffenhändler pleite machen.

Der Verdacht, daß Jesus vielleicht gar kein Geschlecht hatte, ist immer noch nicht ausgeräumt. Salman Rushdie war der Wahrheit vermutlich schon ziemlich nahe, was Mohammed betrifft, und Josef Heller ist nur deshalb der jüdischen Rache entkommen, weil die Fanatiker ihn nicht gelesen haben, seinen *David*.

Soviel ist sicher: Die Frauen geraten zwischen die Fronten. Die paar Frauen, die in den deutschen Landesregierungen und speziell in der real existierenden Bundesregierung mit ihren nickenden Kuhaugen mitbestimmen zu dürfen glauben, werden nicht verhindern können, daß es eines Tages nur noch zwei Listen geben wird: Frauen gegen Männer. Das macht Fronten klarer. Hosen runter, und man weiß, ob Freund oder Feind. Das wird der Endkampf sein, von dem die Rede ist und von dem man nicht genau weiß, wer ihn gewinnen wird. Beachtlich jedenfalls ist die Arglosigkeit oder die Einfältigkeit oder auch die Blödheit der Männer, mit der sie die Frauen an die Waffen heranlassen. Frauen haben wesentlich weniger Mitleid mit den Besiegten.

Das schafft die nötige Distanz zur Zukunft. Männer sind scheinheilig und bejammern die Unterlegenen. Sie trauern ihrer Tat nach. Frauen sind froh, wenn sie eine

Rivalin oder einen Rivalen abgeheftet haben. Wenn man dann noch das Glück hat, als Mann meine ich, von ihnen geliebt zu werden, kann man das ganze Ausmaß ihrer wundervollen Gemeinheiten, ihrer elegant eingefädelten Mißverständnisse und ihrer Treue bis zum Grab, zum eigenen, gar nicht aushalten. Die Frauen halten es meistens aus.

An den größten Liebespaaren der Weltgeschichte ist es nachzuweisen. Ferdinand ist von Luise Miller limonadisiert worden, sie hat sich totgestellt bis zum Fallen des Vorhangs, Cleopatra hat mindestens zehn Männer ohne Betäubung vernascht, Salome ließ sich den Rest ihrer Liebesbemühungen auf einer Silberplatte servieren, Eva Braun hat solange mit dem Ehevertrag gedroht, bis Hitler es tat, sie heiratete, und sich sofort danach erschoß, und auf der anderen Seite gab es eine Liebende, eine, die nicht Adolf zu Füßen … die … äh … na die … jetzt weiß es wieder jeder, nur ich nicht … mein Gott, was hat sie nicht alles angestellt, damit er unter die Decke kriecht. Millionen haben damals gewettet, ob er's macht oder nicht, und der Hauptwettpunkt war: Nimmt er diese blöde Mütze dabei ab oder nicht? Und was wird mit dem Koppelzeug sein? Wird er dabei diese Haltung aufgeben, die immer das Gemächte schützte? Sie hat das alles nicht gestört. Sie hat ihn angebaggert und angehimmelt … na die … ich komme jetzt nicht drauf. Egal. Sie hat ihn jedenfalls spielend überlebt. Danach hat man sie gefragt, wieso sie bei den Nürnberger Prozessen nicht mit auf der Anklagebank gesessen hätte, und da gab sie zu erkennen, daß sie diesen Hitler immer wie eine Mikrobe unter dem Mikroskop betrachtet hätte. Es wäre der Geist dieser Zeit gewesen, der sie ... äh ... ich komme wirklich nicht drauf.

Und da gab es ihn zum erstenmal. Den Zeitgeist.

Wenn dieses Wort nicht aus dem *Mythos des 20. Jahrhundert* von Alfred Rosenberg stammt, sollte es mich sehr wundern. Dieser Geist, der in diesen Riesenaufmärschen eines total uniformierten Volkes, das in Zwölferreihen Raff-Raff-Raff mit Trommeln und Pfeifen steckte und damit ankündigte, daß der Mord gegen Andersdenkende eine Kleinigkeit zu sein hat ... dieser Geist in dieser Zeit ...

RIEFENSTAHL!

Jetzt habe ich's wieder. Leni Riefenstahl.

Das Ende der Bemühungen dieser marschierenden Sturm- und Schutzkolonnen hat sie nicht mehr in Filme gefaßt. Es gibt keinen Buchenwald-Film von ihr. Nur quallige Äußerungen über ihre flüchtigen Bekanntschaften mit dem Reichspferdefuß Goebbels und dem untertänigen Rest der Kulturbagage.

Mit Mühe konnte sie sich daran erinnern, daß sie einen hochgeförderten Film über die Nürnberger Reichsparteitage gedreht hatte, den sich Hitler täglich einmal vorführen ließ, damit er nicht in Zweifel geriet. Die alte Marschkolonnen-Leni hat eben auch Schwierigkeiten mit dem Gedächtnis.

An all diese Dinge erinnere ich mich natürlich genau. Daß die Riefenstahl Leni hieß, paßte auch genau zum Geist der Zeit. Dirndlmäßig einfach, naturverbunden, passend zum Hund von Hitler.

Als auf unserem Bauernhof das erste Fohlen zur Welt kam, nannten wir es, na wie wohl? Erika! Nicht Leni.

Leni hieß unsere erste Kuh. Als ich neun Jahre alt war, mußte ich sie alle hüten, die Kühe. Leni war die Front-Kuh, wenn es darum ging, auf das Rübenfeld zu galoppieren, wo mein Vater sie höchst ungern hatte. Diese blöde Kuh hat wirlich bewirkt, daß ich gegenüber dem Rindvieh einen Vorbehalt habe.

Als die Riefenstahl in einem langen Fernsehfilm erklären durfte, daß sie diesen Kniefallstreifen als erste warnende Denunziation des Hitlerismus begreift und sie deswegen fast ins KZ gekommen wäre ... fiel mir der Rübenacker wieder ein.

Aber vielleicht war es das letzte Mal im Jahre 1936, als Leni Riefenstahl diesen legendären Olympia-Film über die Hochsprunglatte hievte, daß man von einem »Zeitgeist« sprechen konnte. Riefenstahls Olympia-Film '36 war die Vorstufe zur Mobilmachung. Spätestens beim Betrachten dieser Bilder hätten alle bedrohten Völker Europas aufmerken müssen. Mein Gott, ja, ich vergesse alles, was meinen heutigen Alltag ausmacht, aber die Bilder von damals sind in mein Gedächtnis hineingerammt. Ich sehe diesen Reichskanzler mit dieser blöden Schirmmütze diesen ungeschickten Satz brüllen: »Ich erkläre die Olympischen Spiele der soundsovielten Neuzeit *als* eröffnet.«

Viel später hat das Gustav Heinemann wiedergutgemacht. Er sagte, daß er sie *für* eröffnet halte. Es tat gut.

Von hier aus habe ich jetzt viele Möglichkeiten, einen geschickten Übergang zu anderen Themen zu finden. Beispielsweise: Was hatten wir mit unseren Bundespräsidenten?

Warum ist Carlo Schmid, der uns, wie Heuss und Heinemann und Weizsäcker und vermutlich auch Herzog, zur Ehre gereicht hätte, nie einer geworden? Schönes Magisterthema für Junghistoriker. Da fällt Lack von der Adenauer-Tapete. Genauso gut könnte ich aber auch die »Geschichte der Olympischen Spiele« weiterführend benutzen und sie sofort umwandeln in die »Geschäfte der Olympischen Spiele«. Ein ganz eigenes, langwieriges Thema, das niemanden mehr interessiert. Es bleibt vielleicht noch die Scherzfrage in einem »Brain go in«-Festival: Warum steht auf der Kehrseite der Medaille nicht die Adresse *der* Firma, die aus einem wertlosen dritten Platz im synchronen Solotauchen ... sind alles Möglichkeiten, dem Generalthema zu entweichen: Gibt es einen Zeitgeist oder nicht?

Irgend jemand hat einmal diese beiden Wörter zusammengeworfen, ohne zu überlegen, daß sie nichts miteinander zu tun haben. Die Zeit nimmt keine Rücksicht auf den Geist. Der Geist braucht keine Zeit. Zeit ist ewig. Es gibt genug davon. Zeit gibt es jederzeit. Man kann alles mögliche mit ihr anstellen. Man kann sie verbrauchen, schinden, totschlagen, mißbrauchen, verwenden, verschwenden, man kann sie opfern, aber es nützt alles nichts, sie bleibt da, sie ist nicht umzubringen. Niemandem gehört sie, aber wir tun so, als ob Teile von ihr zu unserem Besitztum gehören.

Wir sagen:

Ich habe meine Zeit mit ihm geteilt.

Du hast mir meine Zeit gestohlen.

Wenn meine Zeit um ist, muß ich gehen.

Nimm dir etwas Zeit. Woher? Wovon? Von wem?

Gestohlen. Er hat seine Zeit gestohlen!

Von wem? Von einem, über den man sagt: Er hat einen Haufen Zeit. Also von diesem Haufen hat er sie gestohlen.

Man kann diese Zeit auch nicht einteilen. Und wenn, dann höchstens willkürlich. Frühzeit – Vorzeit? Zeit wovor?

Das Präziseste ist noch dieses »Mahlzeit!« Da weiß man, das ist um die Mittagszeit herum, wenn die Kiefer mahlen.

Oder dieses anmahnende »Teiheim« der Schiedsrichter in Wimbledon, die einen als Fernsehzuschauer immer wieder daran erinnern, daß der Mensch sterblich ist.

»Time!« Das ist die Zeit, die gnadenlos vergeht. Dann muß er wieder den Ball nehmen und weiterschlagen. Er muß ihn dahin schlagen, wo sein Gegner ihn nicht mehr erreichen kann. Das klingt alles nicht gut. Es treibt die Menschheit auf den falschen Fuß.

Don't waste your time! Verwese nicht deine Zeit. Drohend hängt dieser Bibelspruch der frühamerikanischen Landnehmer, die sich auf den Skeletten der Ureinwohner ihre Paläste bauten, über unserer omahaften Ticktack-Romantik. Wer das nicht sofort versteht, soll es lassen; um es zu erklären, braucht es zuviel Zeit.

Wir haben immer weniger, obwohl das Angebot immer größer wird. Wenn man endlich mal der eigentlichen Frage nachgehen würde, *welche* Zeit knapper wird. Oder wessen Zeit weniger wird. Ich wehre mich dagegen, daß meine Zeit mit der des industriellen Erfolgsnomaden verglichen wird. Ich habe Zeit zu altern, er nicht.

Ich gehe nicht mit der Zeit, ich gehe nicht nach ihr,

und von ihr gejagt fühle ich mich schon gar nicht. Im Gegenteil, man könnte fast behaupten, daß ich ein Zeit-Pirat bin, also nahezu kriminell, weil ich sie mir nehme, wenn ich eine brauche.

Inzwischen habe ich so viel davon, daß ich bei Einladungen nicht nur Blumen mitbringe, sondern auch Zeit.

Ich bin ganz sicher, daß der nächste Schritt des Finanzministers die Einführung einer Zeitsteuer sein wird. Dann wird der Verdacht, daß Zeit und Geist etwas miteinander zu tun haben, endgültig ausgeräumt sein.

Keine Zeit hat einen bestimmten Geist. Oder wittert jemand hinter der Rokokofassade etwas anderes als verpuderte Fäkalien?

Daß sich zu gewissen Zeiten der Heilige Geist über den Verstand der Menschen gelegt hat wie eine entschlüpfte giftige Wolke von Hoechst, hat todessehnsüchtige Fundamentalisten hervorgebracht, von Geist war nicht die Rede.

Er wird ohnehin nur als flüchtig beschrieben. Meistens wird er als vermißt gemeldet, oder er weht irgendwo rum.

Und doch, so vermutet man nach historischen Untersuchungen, muß er da und dort mal vorhanden gewesen sein.

In Spiez, als Sepp Herberger, nach Fritz Walters hartnäckig wiederholter Behauptung, über das Wasser des Thunersees gelaufen ist, soll er geweht haben, der Geist.

In Camp David, in Helsingör, in alten Gemäuern oder Himbeeren. Aber auch, als Gregor Gysi sich in das Fahnentuch der Wiedervereinigung geschneuzt hat, weil ihm die Tempotaschentücher ausgegangen sind. Natür-

28

lich ist das eine Geschichte, die die Stasi erfunden hat. Den Stasileuten kann überhaupt nichts passieren, weil man ihnen alles glaubt. Das hängt damit zusammen, daß man sie und ihre Aussagen braucht. Die Opfer ihrer Aussagen braucht keiner mehr.

Und jüngst war ein Hauch von Geist zu spüren, als der große, alte Mann der Alster-Prawda vor dem großen, großen, alten, ewigen Kanzler in die Hocke ging ... Sie wissen schon, der, der ... es geht schon wieder los. Er saß vor dem Großkohl so tief in der Hocke. Man wußte nicht genau: Wird es nach vorn oder nach hinten losgehen? In Londoner Wettbüros standen die Wetten mit 70:30 für hinten. Alle haben ihr Geld verloren.

Es ging überhaupt nicht los.

Ich hab's!

AUGSTEIN!

Nach dem Lesen des Artikels »Der ewige Kanzler« über den größten Kanzler Deutschlands nach Bismarck sammelte ich alles, was ich zu diesem Thema geschrieben hatte und warf es weg. Manches zündete ich auch an, damit die Irrtümer schneller beseitigt waren. Die Frage tauchte auf: Will Augstein mit in das Familiengrab Kohls?

Oder geht's dem *Spiegel* schlecht?

Um einen herum bewegen sich ja immer junge Menschen, die ein Engagement bei dieser Zeitgeistgazette als Schlußpunkt ihrer Karriere ersehnen. Sie müssen umdenken. Gleich zum *Spiegel*, es hinter sich bringen und dann zu einer anständigen Zeitung.

Es gibt Leute, Freunde, Feinde, deren Namen mir sofort und immer einfallen. Das muß was mit Respekt zu

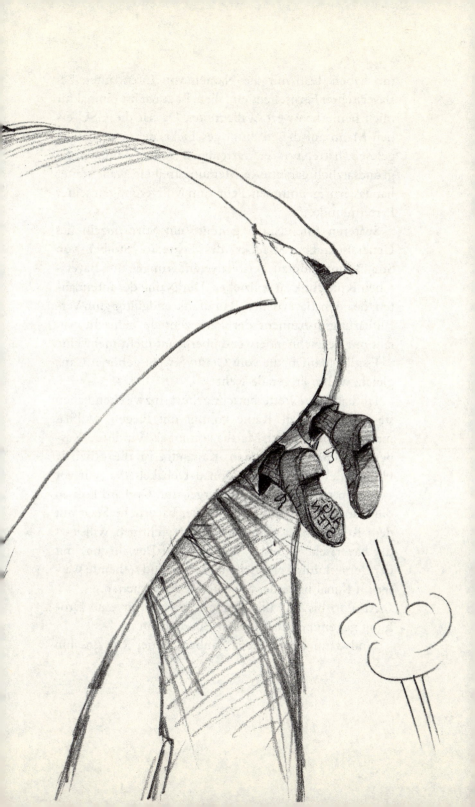

tun haben. Daß mir die Namen von Intendanten des Bayerischen Fernsehens einfallen, ist zunächst einmal für mich bemerkenswert. Wallenreiter. Da hat die CSU einen Mann auf diesen Stuhl geschickt, der zuvor genau gelesen hatte, was er verteidigen sollte, nämlich die grundsätzlich garantierte Meinungsfreiheit. Wallenreiter hat das ernstgenommen. Sehr zum Mißvergnügen seiner Parteifreunde.

Späteren Intendanten genügte ein Stirnrunzeln des Generalsekretärs Sträuber, des Sekretärs Stoiber von Strauß, um spontan Personalveränderungen im Bayerischen Rundfunk zu vollziehen. Der Name des Intendanten, der den Bayerischen Rundfunk endgültig zum Verlautbarungsinstrument der Parteizentrale gemacht hat, fällt mir bezeichnenderweise überhaupt nicht mehr ein.

Es gibt Namen, die vom Geist verweht gehören. Ganz gleich, wohin er gerade weht.

Ich habe den Wetterbericht gehört. Inzwischen haben sie ja alle Namen. Käthe kommt mit Regen, Wulfilas macht Florida kaputt, Martha kommt als Windhose, Kasper tornadiert Kalifornien, Kassandra ist die offizielle Heilige des Rhein-Main-Donau-Debakels. Was wir vor 15 Jahren mit Gisela Schneeberger und Gerhard Polt an die Wand hingemalt haben, wo der bayerische Staat mit dem Kopf durch wollte, den es gar nicht gab, will jetzt der bayerische Minister Wiesheu (auf Bewährung) mit der Bemerkung wegwischen, das stinkend stehende Wasser im Kanal hätte der Schiene Flügel verliehen.

Also 10 bis 15 Milliarden ausgegeben für eine Drohung gegenüber der eigenen Bundesbahn.

Und dann treten diese Zauberkünstler vor uns hin

und wollen uns darauf aufmerksam machen, daß wir über unsere Verhältnisse leben. Warum haben wir uns das eigentlich gefallen lassen? Diese politischen Menschen haben sich vor uns aufgebaut und lautstark die Tatsache zum Argument gemacht, daß so gut, wie wir leben, wir ihnen zu verdanken hätten. Gut! Aber wieso ist das jetzt schlecht? Hätten wir früher merken sollen, was auf uns zukommt? Aber um das merken zu können, haben wir sie doch gewählt!

Und immer wieder diese Versuche, uns von der Tatsache abzulenken, daß das Geld, das wir für die Beibehaltung der Würde des Menschen im Alter ausgegeben haben, in irgendwelchen anderen Haushaltströgen versickert ist.

Blüm schaut uns an – die Scheiße, die er mit anderen ausgekocht hat, vor sich, redet, redet, redet, mit dem Kochlöffel der Beredsamkeit in der Scheiße … mit einem Wort: rührend.

Ich hatte für mich immer eine Hoffnung. Wolfgang Neuss hat mir kurz vor seinem Tod versichert, er würde sofort, wenn er oben ist, seinen Geist in mich fahren lassen. Ein typisches Versprechen von Neuss. Ich hab's gewußt. Es stimmt alles nicht. Über seinen Tod hinaus. Seitdem höre ich bei allen Entertainmentbolzern genau zu, ob der Neuss nicht damals schon … für ein Handgeld … Wolfgang, sei mir nicht böse! Aber es wird jetzt Zeit!

Schon damals, als ich ihm face to face gegenübersaß, hatte ich keinerlei Hoffnung, daß von einem Dahingehenden etwas für uns übrigbleibt. Er nimmt es mit. Weiß der Teufel, wohin. Das tun die Lebenden auch. Der Tag ist voller Zeitnehmer. Überall arbeiten Stoppuhren, überall wird noch schneller etwas Sinnloses gemacht. Die Zeitjäger treiben uns vor sich her. Irrsinnige Schwebebahnen werden über unseren Köpfen gebaut, die uns in neuer Bundesbahnrekordzeit irgendwohin bringen sollen. Züge, die wie Geschosse quer durch Wälder, Felder, Kühe donnern, auf Gleisen, die von ekelhaften Stelzfüßen getragen werden, jagen dem Geist hinterher; in diesem Falle dem Geschäftsgeist, der aber immer schneller zu werden scheint.

Wer will eigentlich mit diesem völlig überflüssigen Transrapid fahren, wenn heute schon die Manager ihre Geschäfte über Internet abwickeln? Es wird keiner mehr aus dem Haus gehen! Es wird kombinierte Wohn-Geschäftshäuser geben, in denen es alles, aber auch alles zu kaufen geben wird. Man wird im hauseigenen Kreißsaal zur Welt kommen, in die hauseigene Privatschule gehen, Abitur, Studium, Promotion, Eintritt in die Firma, alles im Haus, Liebeszellen, Beichtzellen, sämtliche Spezialisten für Krankheiten aller Art und dann die eigene Bestattung, alles wird im Haus erledigt.

Die Letztentsorgung, also die menschliche Endlagerung, findet dann außerhalb statt, in den Urnenhochhäusern. All das ist bereits vorgedacht, und Politiker mit ihrem Wissen sollten eigentlich bereits danach handeln. Aber es kümmert die Zeitjäger und Betondeppen nicht im mindesten, weil die vermutlich an vielen Geschäften von Konzernen, bei denen sie in den Aufsichtsräten sitzen, beteiligt sind.

Kanäle suppen sinn- und schifflos vor sich hin, Superüberschall-Jets heulen nahezu pilotenlos durch die Luft und fallen immer öfter mit den Passagieren runter. Weil ihre Computersysteme sich inzwischen selbständig machen und gegeneinander kämpfen wie die Bakterien oder die Krebszellen, so daß die Flugkapitäne gar nicht mehr eingreifen können.

Hauptsache, es geht schnell!

In welcher Richtung es wohin schnell geht, ist ihnen einerlei. Aber wenn es runtergeht, dann, hoffe ich, mitten rein in die Schwebebahn, und die Schwebebahn muß dann voll und in großer Geschwindigkeit in den stinkigen Rhein-Main-Donau-Kanal donnern.

Dabei läuft doch die Zeit in der völlig verkehrten Richtung. Jetzt, wo es für die überwiegende Mehrheit bald gar nichts mehr zu arbeiten geben wird, ist es doch falsch, die Zeit ganz schnell zu verbrauchen, weil man ja um so schneller in die nächste Sekunde kommt, in der man auch arbeitslos ist. Das heißt, man wird immer schneller arbeitslos.

Schneller zu arbeiten hatte doch nur einen Sinn, wenn man dadurch mehr Freizeit bekam.

Da läuft etwas an uns vorbei. Hast du keine Arbeit, hast du Zeit, dann hast du aber kein Geld. Weil aber Zeit Geld ist und du ohne Arbeit Zeit hast, hast du Geld. Du merkst es nur nicht. Aber wehe, dein Finanzlochbearbeiter, also dein Finanzminister, kommt dir drauf, dann bezahlst du in Zukunft Arbeitslosensteuer.

Eine Zeitabgabe ist ohnehin schon längst überfällig. Oder besser: eine Sekundenverbrauchssteuer.

Der Tod wird es immer schwerer mit uns haben. Oder sagen wir lieber mit unserem »Zeitgeist«.

Noch immer habe ich ja diese bildkräftige Todvorstellung aus dem Mittelalter am liebsten, diesen klappernden Knochenmann mit der Sense, der jeden einzelnen abholt. Nach einer ganzen Reihe von erstaunlichen Todesverweigerungen mit Lebensfolge sehe ich die Szene vor mir: Der Tod tritt an, und zwar den Menschen, aber dieser dreht sich nur unangenehm berührt und nervös und unwillig halb dem Tod zu, sieht ihn wahrscheinlich gar nicht mal richtig und zischt zwischen den Zähnen: »Lassen Sie mich in Ruhe, ich habe für so was jetzt *überhaupt* keine Zeit!«

Nehmen wir an, das war ein Manager, um die es sich ja in Zukunft ausschließlich zu handeln scheint, wenn wir unsere gemeinsamen Visionen entwickeln. Ich habe ja immer geglaubt, es handle sich bei diesen Übermenschen um Absolventen der international berühmten Eliteschulen in London, Paris und München, die praktisch auf Flaschen gezogen wie Lafite-Rothschild an den Krisenpunkten der Weltwirtschaft eingesetzt werden und dann alles zum Guten lenken.

Inzwischen taucht der Verdacht auf, sie wären gar nicht der Geist der Sache, sondern die Flaschen.

Der Geist, heißt es, wäre irgendwie entwichen oder entkommen.

Muß wohl sein, denn in einer Talk-Show des gesamtdeutschen Fernsehens erzählte der Managerlichtblick Goeudevert über einen anderen, inzwischen viel höher bezahlten Supermanager, er hätte ihm zum Geschenk das Buch *Der kleine Prinz* von Saint-Exupéry mitgebracht. Der Beschenkte gab ihm das Buch zurück mit der Bemerkung, er lese keine Kinderbücher.

Wenn es doch einen Zeitgeist geben sollte, dann scheint es dieser zu sein.

## ES KOMMT AUF DIE SEKUNDE AN
### I

Was war das? Da blitzt was auf. Eine Liedzeile. Ja, das ist
eine Liedzeile. Heesters! »Es kommt auf die Sekunde an
bei einer schönen Frau.« Und die Frau endete ganz im
Nasalen.

Wir waren damals zwischen 14 und 15 Jahre alt, trugen
wehende Mäntel, lange Haare, hörten Peter Kreuder,
Werner Bochmann und Willi Stech und sahen Heesters.
Er war unser Idol, denn er trug Haare bis in den Nak-
ken, schwarz aufpoliert, hatte meistens einen Frack an,
stand an weiße Flügel gelehnt in riesigen Hotelhallen
herum, und die schönen Frauen fielen ihm dutzend-
weise in die Arme, und dann sang er ihnen mitten ins
Gesicht.

Und das in einer Zeit, in der die Städte schon halb in
Trümmern lagen, jeder dritte Mann in irgendwelchen
Uniformen herumrannte, Fleisch und Fett knapp und
schicke Zivilanzüge gar nicht mehr vorhanden waren.
Die Menschen rochen nicht besonders gut, weil die
Seife knapp wurde, von Stalingrad hörte man nichts
Gutes, die Gefallenenanzeigen in unserem Stadtblatt
verdreifachten sich, aber Heesters stand mit dem Cham-
pagnerglas in der Hand in einem Papphotel in Babels-

berg und behauptete, es käme bei einer schönen Frau auf eine Sekunde an.

Es paßte überhaupt nicht, aber genau deswegen hatte Klumpfuß-Sepp … er hieß so bei uns, es gab in unserer Klasse kaum einen, der ihn nicht nachmachen konnte, den Joseph Goebbels … seine singende und spielende Ablenkbrigade in den Studios gelassen. Er war sehr stolz auf dieses geniale Manöver, das die Volksgenossen bei der Stange hielt, tauchte mit großem Pomp bei den Filmpremieren auf, was wiederum in den Wochenschauen verbreitet worden ist. Aus diesen »Informationshappen« für die Gläubigen hatten wir unseren Stoff für die Goebbels-Parodien. Der Gang war das Entscheidende. Goebbels legte die heilhitlernde Hand immer lässig nach hinten um, und wenn die grüßende Hand oben ankam, mußte der Pferdefuß vorn sein. Das Ganze war eine rhythmische Gesamtleistung. Jeder von uns konnte es, jeder machte es, und es war immer wieder komisch.

Als ich vor einiger Zeit Victor Klemperers Tagebücher aus dieser Zeit gelesen habe, kam mir im nachhinein alles sehr kindisch vor, was und wie wir unser wachsendes Mißtrauen abreagiert haben. Aber weil es nun einmal so ist, daß das Buch des jungen Amerikaners Daniel Goldhagen uns in diese Vergangenheit zurückstürzt und weil die Erregung darüber, daß der Mann behauptet, wir alle seien mit kleinen Hakenkreuzchen in den Augen dem mörderischen, bellenden, brüllenden Giftzwerg Goebbels ohne ausreichende Gründe gefolgt, und nicht Hitler habe uns, sondern wir hätten Hitler gebraucht, um das auszuüben, was in uns tief drinnen steckte und noch steckt, nämlich den Lustmord an Andersgläubigen und ausländischen Bazillen, die uns die Theoretiker Rosenberg und frühere aus den vergangenen Jahrhunderten vor die Flinte getrieben haben, weil es so ist, muß ich, wenn ich schon die Gelegenheit habe, daran erinnern, daß wir alle, als wir hörten, daß Russen und Amerikaner sich näherten, gesagt haben: »Wenn sie uns kriegen, bringen sie uns um.«

Woher kam das denn? Von dem, was wir angeblich alle gar nicht wußten? Und wieviel Menschen, um eine Einlassung des alleralbernsten Diskussionsteilnehmers zu diesem Thema, Gauweiler, der mir immer einfällt, wenn es heißt, daß Tiefschlaf so gesund sei, zu benutzen, wieviel Menschen benötigt man denn in einem Land, das Millionen Juden, Sozialdemokraten, Priester, Zigeuner, Kommunisten, Kriegsgefangene, Polen, deutsche Witzeerzähler, Feindradiohörer, Journalisten, Zionisten, Bibelforscher, Behinderte beobachten, anzeigen, verhaften, kasernieren, in Lager transportieren, dort kujonieren, verprügeln, totschlagen und verbrennen will. Das war nur eine verschwindende Minderheit, die nahezu 40 Millionen Menschen »betreut« hat?

Was uns so wütend macht, ist, daß uns das kein *deutscher* Historiker aufgerechnet hat. Aber was wollen wir denn mit der jämmerlichen Schar unserer Weglügner und Weichspüler, unserer Historiker! In den ersten Jahren unserer Studentenbühnentätigkeit spielten wir einen sehr schönen Witz, der den Sachverhalt genau trifft.

Drei Menschen nebeneinander auf der Bühne.

Eins fragt Zwei: »Wieviel ist 21 und 3?«

Zwei sagt: »24.«
Drei zieht eine Pistole und erschießt Zwei.
Eins fragt Drei: »Warum hast du das getan?«
Drei: »Er wußte zuviel.«

## ES KOMMT AUF DIE SEKUNDE AN
## II

Es ist interessant, daß sich durch die elektronische Zeit-messung die Zeit völlig verändert hat. Das wußten wir selbstverständlich von Einstein bereits, sicher, sicher ..., aber daß eine Sekunde plötzlich länger, dicker, bedeu-tender und ungemein teuer werden kann, daß eine Se-kunde viele Leben verändern kann, wenn sie hingegen fehlt, daß sie dann Schlagzeilen verursachen und in ihrem natürlichen Verband eines Bruchteils einer Minute berühmt werden kann, das habe ich, ausgenommen die Sekunde des Todes, in diesem Ausmaß nicht für möglich gehalten. Titel dieser selbst erlebten Geschichte, die tief in den Bergen geschah und auch dort begraben worden ist:

*Der Sekunden-Schock.*

Der Breitkammer Jörgl brauste, tief in der Hocke, durch das Ziel. Das Abfahrtsrennen war entschieden. 1.58.326 zeigte die elektronische Tafel an. Eine Minute 58 Sekunden und 326 Hundertstelsekunden.

Mitten im Pulk der Aktiven wuchteten stämmige Männer einen anderen Skipiloten in die Höhe, den Sie-ger.

Jörgl, der Breitkammer Jörgl, hätte ihm noch gefährlich werden können. Aber mit diesen 1.58.326, die ihn auf den neunten Platz zurückwerfen werden, war hier kein Platz auf dem Treppchen zu erringen.

Die Siegerzeit lautete: 1.57.330!

War es zu fassen?

*Eine* Sekunde langsamer! Und diese Sekunde hatte der Favorit Breitkammer Jörgl gegen einen Iren verloren. Ein Fahrer aus einem Land, das Schnee in Büchsen einführen mußte. Im Zielauslauf herrschte totale Bestürzung bei allen alpinen Nationen.

Mit kaltem Blick musterte Jörgls Trainer den Versager.

In schneidendem Hochdeutsch zischt er dem zerknirschten Jörgl ins Gesicht: *»Eine Sekunde!«*

Der Jörgl sagte: »Jo mei.«

Der Trainer: »*Wo* hast du sie verloren? Wo?«

Eine Stunde später war bereits der Krisenstab der geschlagenen Skination zusammengetreten. Die Sponsoren betonten lauthals ihre Unschuld. Der Schuhfabrikant fuchtelte erregt mit seinem neuen Modell Racing Jörgl Dynamic 95 herum und rief unentwegt:

»An dem hat's nicht gelegen. An dem nicht!«

Der Skihandschuhhersteller stieß Verwünschungen aus. Der depperte Jörgl, rief er, hätte im Angesicht der vernichtenden Niederlage seine Handschuhe nicht derart penetrant in die Fernsehkamera recken müssen.

Der Schneebrillensponsor schrie den Skianzughersteller an, daß seine Schneebrille nur deshalb heute verloren hätte, weil der Stoff für den Skianzug um mindestens zweieinhalb Zentimeter zu dick gewesen wäre. Dann aber geriet der Chefskiwachser in einen ungeheueren Verdacht.

Der Trainer analysierte das Rennen.

Oben am Tatschentalsprung sei der Jörgl noch in der Zeit gewesen. Am Müllenkopf hatte er noch eine Medaille sicher. In die Todbrunn sei er hineingeschossen, aus dem Deinigerloch normal herausgeschossen, und das Knochenköpfle hätt' er in Ideallinie genommen … wo zum Teufel soll die Sekunde geblieben sein!

Die fünf Schnee-Ingenieure, die in der Piste minütlich die Temperaturen zu messen haben, sprangen wie einer auf, und der Chefschnee-Ingenieur rief: »In der Eisschädelau am Killerkogel hat er aufgmacht, der Jörgl! Aufrecht is er gfahrn!«

Diese ungeheure Anschuldigung wollte der Trainer nicht auf dem Jörgl sitzen lassen.

»Ich kenne den Burschen überhaupt nur in der Hocke!!«

Aufrecht, schrie er, wäre ihm dieser tapfere Pilot überhaupt noch nie entgegengetreten.

»Und«, fügte er hinzu, »bei mir verbringt ein Abfahrtsspezialist sogar den Sommer in tiefster Hocke!«

In die Minuten der Verblüffung hinein erklärte sich der Breitkammer Jörgl bereit, die Strecke mit allen gemeinsam noch einmal abzufahren, um die verschwundene Sekunde zu suchen.

In der Kuttelklamm, gestand der Breitkammer, hätte er eine Sekunde lang ein bißchen Eisangst gehabt.

Da war sie also, die Sekunde.

Am nächsten Tag kriegten die Sportinteressierten die Zeitungen nicht zu. Große nationale Enttäuschung.

»Jörg Breitkammer stehengelassen wie eine alte Kutsche!«

»Welten zwischen Jörg und Weltelite!«

»Mit dieser Sekunde beginnt die Stunde der Wahrheit!«

»Skiherrentrainer Bergmayer wirft Handtuch. Trifft damit Breitkammer. Jörgl schwer getroffen.«

*Bild* ist noch viel enttäuschter und empfiehlt: »Jörgl, geh zu Fuß!«

In seinem Heimatdorf grüßt Jörg kein Mensch mehr.

Man verliert heutzutage mit einer oder zwei Hundertstel Sekunden, aber nicht mit einer ganzen!

Empört habe ich einem Abfahrtsspezialmedienmoderator zugezischt: »Sag mal, habt ihr zunehmenden Realitätsverlust? Eine Sekunde bedeutet ein paar Wimpernschläge oder das Sprechen des Wortes: einundzwanzig.«

Und der sagt: »Siehst du, ich habe mitgestoppt. Zu langsam. Du hast das Wort einundzwanzig zu langsam ausgesprochen. Es hat eine Sekunde vierzehn gedauert. So kommen wir nie an die Spitze!

Seit der Einführung der elektronischen Zeitmessung bedeutet eine Sekunde eine Sekunde. Nach unserer Hochrechnung werden sich alle Sponsoren von unseren deutschen Skiathleten zurückziehen. Eine vernichtende Niederlage.«

»Heeh!« habe ich gerufen, »in der Zeit kannst du gerade einmal schlucken!«

»Nein«, sagte er mit tragischem Unterton. »Diese Sekunde bedeutet bei einer Geschwindigkeit von 135 Stundenkilometern 37,5 Meter Rückstand.«

Und da begriff ich. Diese 37,5 Meter rechnete ich hoch.

So hoch ist der Kirchturm der Marienkirche in Neustadt.

Ich habe gelernt. Eine Sekunde ist nicht einundzwanzig lang, sondern 37,5 Meter hoch. So gesehen ist der Satz des Trainers von Jörg richtig, der da sagte. »Diese Sekunde bricht dem Jörg das Genick.«

Nachdem ich noch aus meiner Schulzeit weiß (diesen Unsinn vergißt man nie), daß beide Türme des Kölner Doms 157 Meter hoch sind, könnte man auch sagen, sie sind 4,19 Sekunden lang.

## WO GEHT ES ZUM ERSTEN PLATZ?

Der Dings, der ... der ja Riesenerfolge hatte mit der These, daß einer, der im Gasthaus sitzt, nicht mit Steinen werfen soll, auch wenn es dann nicht sein Bier ist, wo hinein der Stein ... vielleicht bringe ich das jetzt ein bißchen durcheinander mit dem Dings, der gesagt haben soll, daß Bier das Rauschgift für den Glauben ist ...

Augustiner! ... Moment:
AUGUSTINUS!

Ich stelle mich jetzt gar nicht dumm, ich bin so.

Ich bin ein Staatsbürger und habe das Recht, mehr zu werden. Jeder hat das Recht, eine Karriere zu machen. Man muß nicht unten bleiben.

Der Staatsbürger, der *echte* Staatsbürger, muß ständig auf der Höhe des Denkens seines Regierungslenkers sein. Ganz gleich, wie verwirrt er sein mag. Der Staatsbürger.

Er muß wissen, wo es langgeht, sagt der Chef.

Ganz gleich, wer der Chef ist.

Er weist den Weg in die Zuckckunft. Zuckckunft mit Zecka wie Zuckung.

Der Verdacht, daß er den Weg weist, aber nicht weiß – ist völlig unbegründet.

Wo immer er hinweist, ist die Zuckckunft.

Und wer nicht zuhören will, muß es immer wieder gesackt bekommen. Gesagt auch mit Zecka! Gesackckt. Zweimal oder dreimal im Jahr über alle Radiosender, Fernsehsender und in allen Blättern. Damit man weiß, wo man liegt und wie. Und das heißt dann »Die Lage«.

Verdächtig. Es heißt also nicht: Wie geht's, Bürger? Wie steht's? Sondern: Wie liegt's?

Das allerdings steht in keinem Zusammenhang zu der wiederholten Behauptung, wir hätten einen »Wirtschaftsstandort Deutschland.« Der müßte ja stehen.

Tut er aber nicht, sonst müßte ihn ja der Arbeitssuchende finden. Woran liegt's, daß er das, was da angeblich steht, nicht findet?

Wie kam es zu dem Wort Standort?

Es gab einmal ein Mercedeswerk in Stuttgart, das über Nacht verschwunden war. Für die Stuttgarter Arbeitnehmer war das ein Ort, wo man jahrelang dafür stand, bis einer feststellte, das Werk stand dort, weil es verlegt wurde in das Elsaß. Sprachlich gesehen ist Standort D erste Vergangenheit. Da liegt er jetzt. Der Standort.

Wahrscheinlich hat einer der verantwortlichen Herren der Firma in Bonn angerufen, um dort den Standortwechsel mitzuteilen, und gesagt: »Setzen Sie sich erst mal hin ...«, aber das ist nicht nötig, denn die Regierung sitzt immer.

Sagt man doch: »Der Sitz der Bundesregierung«.

Wer da drin ist, liegt richtig, denn er ist drin.

Draußen ist der Bürger. Der Bürger draußen, sagt man ja immer. Und der weiß nichts über die »Lage«.

Und die liegt nach wie vor.

Aber der Bürger wird hin und wieder über die Lage informiert und zwar unter Einsatz sämtlicher Beschwischwäs, also Beschwichtigungsschwätzer, die dann mit den Bürgern von draußen ihre Beschwichtigungsschwätzchen abhalten, und dann weiß ich als Bürger wieder mehr über den Gang der Dinge …

Aha! Die Dinge gehen also!

Wie machen sie das, wenn sie liegen?

Was steht nun fest, was liegt darnieder, was geht in Zukunft oder gar nicht, was hinkt?

Fest steht: Ein Mensch, der seinen Job verliert, hat's am besten, der fliegt.

Was soll ich jetzt tun? Sitzen bleiben, stehen bleiben? Aufrecht oder kreuzgebeugt?

Und da kommt eben diese zweimal oder dreimal im Jahr stattfindende »Lage« mir recht. Ich weiß dann, was ich machen muß in Zuckckung, in Zuckckunft.

Was *wir* alle machen müssen. Es wird uns doch immer wieder gesackt!

Wir müssen uns sofort einen Gürtel besorgen, damit wir ihn enger schnallen können. Dann müssen wir einen Teller kaufen, weil wir ohne Teller keinen Tellerrand haben, über den wir schauen können müssen, damit … früher habe ich immer gedacht, es heißt Tellerrong, aber nein, es ist der Tellerrand … und nicht zurückschauen sollen wir, damit wir nicht sehen, in welcher Suppe wir stecken, für die wir einen Löffel brauchen, damit wir sie selber auslöffeln können, weil wir sie uns selbst ausgekocht, wie wir sind, und dann brauchen wir unbedingt ein Boot, in dem wir gemeinsam sitzen, wo auch der Strick drin liegt, an dem wir gemeinsam ziehen, und daneben der Riemen, an dem wir uns reißen müssen, und die Brille, die wir brauchen, damit wir das Boot sehen können, das im Teller schwimmt, wo der Löffel für die Suppe, die uns bis zum Hals steht, an dem der Strick ist, an dem wir gemeinsam ziehen, und der Teller, an dem wir uns reißen, damit der Rand von dem Teller, auf dem der Gürtel liegt, und zwar in der Suppe, die wir enger schnallen müssen, damit der Kopf, an den wir uns fassen, wo der Strick dran ist, an den wir uns hängen ...

SSSSuckckunft!

## WISSEN ABSCHÜTTELN

Wie wird man das alles los, was im Kopf herumliegt wie Plastikmüll? Wozu brauche ich alte Liederzeilen oder vor 60 Jahren gelernte Gedichte? Das Zeug soll Platz machen für das Rüstzeug eines informierten Staatsbürgers. Aber nein, es ist für immer hängengeblieben. Dieses Wort hängenbleiben habe ich sowieso immer gefürchtet. Mir scheint, daß ich schon damals versucht habe, Wissensstoff, der mir überflüssig vorkam, auszuscheiden. Naja gut, das Wort ausscheiden ist auch nicht besonders angenehm. Immer wenn ich im Sportteil meiner Zeitung das Wort »Ausscheidungswettkämpfe« lese, habe ich ein sehr unschönes Bild vor mir.

Warum, zum Teufel, kann ich immer noch diesen »Erlkönig« hersagen? Ein falsches Beispiel, ich nehme es sofort zurück, denn noch heute gruselt es mich, empfinde ich wie damals, als ich es vorgelesen bekam und zu dem Schluß kommen mußte, daß ich nicht einmal in den Armen meines Vaters sicher sein kann. Da griff etwas nach mir, das stärker war als er.

Ich habe dann meine Mutter gefragt, ob das möglich sein könne, und sie hat spontan, ohne lange nachzudenken, gesagt: »Das kann ich mir nicht vorstellen.«

Es war der Beginn einer Vater-Sohn-Krise. Am nächsten Tag habe ich ihn gefragt, was er denn zu einem Manne sagen würde, der seinen Sohn im Galopp zum Arzt gebracht habe, der ihm eine Medizin verpaßte und begütigend meinte, es handle sich da um eine harmlose Blähung, und ihn wieder nach Hause schickte. Und doch ist das Kind dann tot. »In seinen Armen das Kind war tot«. Mein Vater hatte natürlich diesen hintersteckten Laßmalkuckenwasermacht-Sinn blitzschnell erkannt (Der Mann hatte Latein 1, Griechisch 1 und Hebräisch 2), und er wußte sofort eine Antwort, die mehr eine mich vernichtende Frage war: »Willst du wirklich mit mir über Goethe sprechen?«

Um Gottes willen! Nein!

Dieses satte Bildungslächeln im Gesicht meines Vaters hat mich zurückgeworfen. Aber damit war ich auch der Sohn in den Armen seines hilflosen Vaters. »Erlkönig hat mir ein Leids getan.« Diesen gespreizten, völlig unzeitgemäßen Genitiv »Leids getan« werden wir in den neuen Schulbüchern, bei denen Zeit, Geschichte und Papier eingespart werden müssen, wahrscheinlich faßbarer und zählbarer, also postmoderner lesen können: »Erlkönig hat mir 1 Leids getan.«

Und ganz schnell sind wir bei der Entdeckung, daß bei den Klassizisten von Herder bis zum nervenden Altgoethe die Kinderpornographie bereits eine Rolle gespielt haben muß.

Bei der Verhandlung, die sicherlich genauso der Anlaß zu einem Gedicht Goethes gewesen sein konnte, wie das Gerichtsprotokoll der Abtreiberin Gretchen zum Faust geführt hat, ist vielleicht auch der Verdacht aufgekommen, es hätte in diesem Gedicht auch heißen können: »Erlkönig hat mir 3 Leids getan.«

Wir sind also einen Schritt weiter in der Belauerungskampagne in Sachen Goethe. Abgesehen davon, daß mich das überhaupt nicht interessiert, spielt es sich so schön mit der Vermutung, daß unsere klassizistischen Vorfahren zu einem Teil ihres Wesens auch stinkige, provinzielle Pottsäue gewesen sind.

Vielleicht war es auch dieser Weimarer Karl August, der herrschende Obertasso, der in seinem Schloß Bellevue auf seine Stadt Weimar hinuntersah und sich langweilte, dieses und jenes Laster hatte, was dazu führte, daß Goethe den »Erlkönig« schrieb? »Er erreicht den Hof mit Mühe und Not – in seinen Armen das Kind war tot.«

Die Boulevardzeitungen von heute gingen in diesem Fall wesentlich unpoetischer zu Leibe. »König Erl und sein Geschwerl!« Unterzeile: »Kindersex bei Fürstens. Goethe hielt die Lampe!« Schluß: Er rast wie ein Blöder zu seiner Schnalle, in seinen Greifern das Kid war alle.

Erlkönig hat mir Highlights getan.

Wir müssen diese verschlüsselten Mitteilungen unserer deutschen Dichter und Denker noch einmal unter dem Übermaß des Wissens, das wir heute besitzen, überprüfen.

Mich nehmen nur wenige Leute ernst, also ist es mir erlaubt zu fragen: Was hätte man mit Goethe, lebend im Jahre 1933 in Weimar, gemacht? Nehmen wir an, er hätte noch eine letzte Nacht im »Hotel Elephant« verbracht, hätte aus seinem Fenster geschaut, die Menge der Weimarer Hitler-Fans gesehen, die da skandierten: »Adolf gehe heut' nicht fort – bleib an diesem schönen

Ort!«, wäre er sofort abgereist und Thomas Mann gefolgt?

Der Text dieses Sprechchors ist nicht erfunden, sondern aus den damals real existierenden Bürgermündern der Weimarer Bevölkerung gekommen.

Wäre Goethe unter dem Überdruck des Volkswillens in den Widerstand gestoßen? Oder war er auch nicht der Mann, der Mann nicht war, als man ihn gebraucht hätte? Thomas Mann, den man 1945 gefragt hatte, ob er nach Deutschland zurückkäme, winkte ab.

Die Geschichte, die ich dazu erzählen muß und will, hat nicht so sehr mit Thomas Mann, sondern mit dem mir näheren Erich Kästner zu tun, den ich, Gott sei's gedankt, persönlich erleben konnte.

Durch den Dings, den äh … den ich bei Helmut Kindler kennenlernte, als er eine Zeitung herausgab, bei der ich eine Witzseite in Verantwortung nehmen sollte, was nicht Kindlers Ernst war, sondern vermutlich eine Idee, weil er mir zu Geld verhelfen wollte. Es kam nicht dazu. Ich sah nämlich einen Übermenschen in Kindlers Büro auftauchen, der so penetrant nach Erfolg roch, daß ich spontan fragen mußte, wer das wohl war.
HANS HABE!

Ich stand einem Halbgott gegenüber, der mir freundlich die Hand reichte. Später, als Habe sich Axel Springers Kampfzeitungen näherte und zu einer Art rechtem Doppel-Axel wurde, dem kein Scherz zu fade war, wenn er nur kleine Löcher in die linken Socken bohrte, habe ich ihn aus meinem Gedächtnisregister gestrichen.

Es funktioniert. Es fallen mir die Namen von Menschen, die ich nicht ausstehen kann, nicht mehr ein.

Es könnten sich die beiden Söhne von Franz Josef Strauß vor mir aufstellen. Ich käme nicht auf ihre Namen. Wohl aber ganz schnell auf den des Vaters.

Wie bin ich dann aber so schnell auf den Namen Hans Habe gekommen? Da gibt es sehr komplizierte Gedächtnisbrücken.

Durch das gleichzeitige Lesen der Autobiographien von Georg Stefan Troller, Stefan Heym und Hilde Spiel, die alle drei eine Bezugsperson erwähnten, nämlich Hans Habe, der wiederum eine höchst ungeliebte Bezugsperson mit schwachen Mitteln bekämpfte, nämlich Robert Neumann, der sich des Habe mit einem treffenden Zweizeiler entledigte (»Es stinkt der See – die Luft ist rein / Hans Habe muß ertrunken sein«), fiel mir die höchst sympathische und wohl größte Leistung des H. H. ein. Er hatte Erich Kästner als Feuilletonchef seiner Zeitung engagiert. Nach Troller, Heym und Spiel muß es ohnehin einmal einen ganz anderen Habe gegeben haben …

KOLMAN!

Es ist verteufelt, aber mir fallen manchmal Namen ein, nach denen ich gar nicht gesucht hatte. Das sind Passanten meiner Gedächtnisbrücken. Also über Habe, Kindler, Troller, Heym, Spiel, Neumann zu Trude Kolman und Kästner!

Trude Kolman gründete zusammen mit Kästner und einem großen Kreis von spendenfreudigen Kabarettfreunden die inzwischen legendäre »Kleine Freiheit«.

Dort im Keller des »Café Budapest« stand ich zwei Jahre lang als Kartenabreißer und Programmheftverkäufer. Mein einziger etwas dunkler Anzug begann zu glänzen. Darauf machte mich einmal ein taktvoller Gast mit der Frage aufmerksam: »Na, junger Mann, spielen Sie Geige?« Dabei tippte er mir auf die Schulter, und ich, leicht verletzt, tippte auf seinen Bauch und fragte: »Schwanger?« Der Herr war dann doch verletzter als ich.

Diesen Vorgang beobachtete Barbara Ostermayer, Kassiererin, Chefsekretärin, Wirtschaftsberaterin und Psychotherapeutin des Ensembles in einer Person und war entsetzt. Sie sagte: »Dieter! Wenn das Frau Kolman gehört hätte!« Und ich antwortete: »Frau Ostermayer, die Qualität eines Kabarettprogramms ist nicht identisch mit der Qualität seines Publikums.«

Von da an ließ sie mich gewähren und gewöhnte sich an meine Frechheiten. Schon beim Anweisen der Plätze versuchte ich, witzig zu sein, also vor dem Programm, im schlimmsten Sinne vorwitzig. Die großäugige, wunderbare Barbara hat mich vor allem beschützt. Mein Eindruck im vorhinein und im nachhinein: Ohne Barbara Ostermayer hätte es die »Kleine Freiheit« nicht so lange gegeben.

Sie saß da an ihrem Kartenverkaufstisch, schaute jeden Kartenkäufer strahlend an, als ob der mit seiner Entscheidung sämtliche Finanzprobleme des Hauses gelöst hätte, strich das Eintrittsgeld ein wie eine Kollekte und schien dem Kunden ein Gebet nachzuschicken. Nur bei uns in Schwabing, in der Haimhauser Straße, in der »Münchner Lach- und Schießgesellschaft«, kann man derartiges noch erleben. (Eigenwerbung? Nein, Tatsache.)

Es gibt, wenn ich meinen Gedächtnishaushalt bemühe, Geschichten, die ich nicht holen muß, die da sind, so, als wären sie gestern geschehen. »Damals« verfolgt

55

mich in einem beängstigenden Tempo. Das Damals wird morgen so sein, daß ich es als gestern wiedererkenne. In meinen Träumen ist morgen lediglich eine Bestätigung von übermorgen, ist aber gestern schon laut und vordenkerisch als zweites Futurum angekündigt worden. In der ersten Sekunde nach der letzten Sekunde, also in der ersten Sekunde nach dem Antritt des dritten Jahrtausends nach … ja, nach was? Nach den Staufern, den Chlodwigs, den Ottonen, *nach* was? Oder *vor* was? Vielleicht ist die Geschichte interessanter, wenn man sie nach dem Vorwas beurteilt. Das Nachwas interessiert keinen. Alle wissen, was kommen wird.

Keiner weiß, was gewesen ist. Nicht genau jedenfalls.

Ob jemand noch einmal in der Lage sein wird, zu beschreiben, was Hunger ist? So wie Solschenizyn es konnte in *Ein Tag im Leben des Iwan Denissowitsch*? Oder wie Erich Maria Remarque in *Der Funke Leben*?

Meine Erinnerung an den Hunger ist noch sehr lebendig. Der Ruf des Stubenältesten in Kaserne und später Gefangenenlager: »14 Mann – ein Brot!« Das waren die täglichen Börsennachrichten für den Magen. Den Hunger haben wir, wenn vielleicht auch sonst nichts, gelernt.

Hin und wieder faste ich. Nach dem dritten Fastentag ist es wieder da. Die Erinnerung an die Zeit, als ich in Weiden/Oberpfalz beim Abiturientenjahrgang 46/47 mit einer Tüte gekochter Kartoffeln in die Pausenbrotkonkurrenz geworfen wurde.

Meine Mutter hat sich das nie verziehen. Immer wieder habe ich ihr gesagt: »Mutter, es war in Ordnung. Ich hatte damals kein Gramm Fett zuviel am Körper!«

Und sie: »Eben. Du warst so klapprig damals.«

Noch zu der Zeit, als ich meinen schlanken Körper zunehmend verlassen hatte, habe ich ihr versichert, daß ihre größte Kochkunst in den Jahren 1945 bis 48 darin bestanden hätte, den Mangel an Fett und Fleisch durch Improvisation auszugleichen. Man nehme! Was denn? Woher denn? Man hatte nichts.

Der Vater kann nichts bringen, der Sohn sitzt nur am Tisch und schaut erwartungsvoll in den Teller.

Es war immer was drin. Es war fettlos, fleischlos, kalorienlos, aber nie geschmacklos.

Kriege zu gewinnen ist Vätersache, so heißt es. Sie zu verlieren und die Folgen daraus zu verarbeiten, ist Müttersache. Vaterland wird zu Mutterland.

Unterernährt, so sagte meine Mutter, mußte sie mich nach München ziehen lassen. Das Geld für das erste Semester an der Universität hatte ich zusammengespart. Nach Abzug der Studiengebühren blieben mir etwas über 100 Mark für drei Monate übrig. Ein bißchen Miete mußte ich auch noch abrechnen, also hatte ich genau eine Mark pro Tag.

Es schloß zunächst einmal aus, daß ich einer Studentenverbindung beitrat.

Die Jungs dort besaßen bereits wieder was. Schicke Klamotten, Trinkgelder vom Vater und hie und da schon Autos. Die Verbindungen ihrer Väter funktionierten, hatten meistens etwas mit der alten Partei zu tun, der sie »zum Schein« angehört hatten, und so kamen sie in gute Startpositionen. Die Kinder.

Immer, wenn ich es geschafft hatte, wirklich nur eine Mark auszugeben am Tag, stellte ich mir das schlechte

Gewissen derer vor, die für nichts und wieder nichts an demselben Tage fünfzig vertrunken haben.

Es war der Beginn eines 50 Jahre währenden Mißverständnisses. Noch immer glaube ich, daß ein schlechtes Gewissen das eigentliche Movens unserer Gesellschaft ist. Die leichtsinnige Vermutung, die nur Komikern einfällt, es hätte jemand keins, versucht nur abzulenken. Das schlechte Gewissen ermöglicht überhaupt Theater … wo wollte ich hin? Was habe ich inzwischen wieder vergessen?

Halt! Habe – Kindler – Troller – Heym – Spiel – Neumann – Kolman …

KÄSTNER!

Eines Abends, gegen 19.55 Uhr, stand der Platzanweiser D. Hildebrandt dem verehrten Erich Kästner gegenüber. Er sah auf die glänzenden Stellen meines einzigen dunklen Anzugs und fragte: »Student?«

Und dann gab er mir *eine Mark* Trinkgeld. Das waren 25 Prozent meines Abendeinkommens.

Zwei Tage später trafen wir uns bei einer Gewerkschaftsveranstaltung in einem Kino am Stachus wieder, bei der ich, vormittags um elf Uhr, ein Soloprogramm herunterließ, das Kästner gefallen hat. Dann lud er mich zu einem Kaffee im »Café Luitpold« ein. Dort saß ich ihm gegenüber und habe vor Ehrfurcht keinen Ton aus mir herausgelassen. Das Gespräch dauerte auch nicht lange. Er zahlte, ich stotterte, er war weg, und ich hatte alles versäumt, was ich meinen Kollegen versprochen hatte, nämlich ihn zu bitten, für uns einen Kabarett-Text zu schreiben.

Irene, meiner Frau, habe ich später nur stolz mitgeteilt, Kästner hätte mich zum Kaffee eingeladen. Daß es sich dabei um eine meiner größten Niederlagen gehandelt hat, habe ich verschwiegen.

Kurz zuvor hatte ich die *Betrachtungen eines Unpolitischen* von Kästner gelesen, der in seinen Kolumnen immer wieder die Frage gestellt hat, wer von den Ausgewiesenen, Ausgetriebenen, Aussortierten, den Entnationalisierten, wieder zurückkommen würde. Kästner verteidigte Thomas Mann.

Mann wollte nicht zurückkehren. Mann war inzwischen amerikanischer Staatsbürger, wollte nicht undankbar sein und sagte ab, als man ihn bat zurückzukehren.

Kästner: »Sie brauchten einen Mann. So kamen sie auf Thomas Mann. Und das war der Fehler. Versteht mich recht. Es war nicht der Fehler Thomas Manns, daß er der Mann dazu nicht war. Es war einzig der Fehler der Menschen, die ihn riefen.«

Kästner verteidigte Mann, dem er nachfühlen konnte, in dieser Zeit nicht diesen Millionen von deutschen Menschen zu verzeihen, die ihn ohne Protest gehen ließen, als Hitler und Goebbels es verlangten. Kästner meint nur, es hätte ein großer, überlebensgroßer Thomas Mann sein müssen, der den Ruf hätte hören können.

Kästner: »In Amerika lebt zur Zeit noch ein anderer großer Deutscher, der Schauspieler Albert Bassermann. Ein herrlicher Schauspieler und ein herrlicher Mensch. Als ihm die Berliner Schauspieler kabelten, ob er nicht in die Heimat zurückkehren wolle, depeschierte er vier Worte: ›Ich komme. Albert Bassermann.‹«

Kästner: »Als ich die vier Worte las, habe ich alter Schafkopf beinahe geheult. Seht ihr, liebe Kinder, das ist eben ein anderer Mann als Thomas Mann. Nur darf man das dem Thomas Mann nicht zum Vorwurf machen, daß er nicht ein Mann wie unser Bassermann ist. Das wäre sehr ungerecht.«

Natürlich habe ich auch geheult, als ich las, daß Kästner geheult hätte. Daß er nur »beinahe« geheult hätte, habe ich ihm übelgenommen. Genau das aber hatte ich ihm bei diesem Kaffee im »Café Luitpold« sagen wollen. Schade. Aber fest in mein Gedächtnis gerammt.

Später konnte ich mich rehabilitieren. Bis heute, bis zu diesen Zeilen, wußte niemand, wer verraten hatte, was in der »Kleinen Freiheit« faul war. Der Verräter war ich.

Mit dem Programm »Bier unter Palmen« begann eine steile Aufwärtsentwicklung des Theaters unter dem »Café Budapest«. Die 160 Sitze waren auf lange Sicht ausverkauft. Trude Kolman kam auf die Idee, daß man Klappstühle, also Gartenstühle, neben die feuerpolizeilich zugelassenen Sitze stellen könnte. Der Klappstuhlschlepper war ich.

Zunächst waren es einige wenige, dann wurden es mehr, zum Schluß waren es 32. An jedem Abend schleppte ich diese grünen Dinger, sicher an mehr als 350 Abenden, hatte keine Ahnung, welchen Konflikt ich dadurch in dieses Haus gebracht habe und war demzufolge auch ganz ehrlich, als mich die Autoren Kästner, Hassencamp, Morlock und Schwenzen fragten, ob es stimme, daß ich allabendlich 32 Gartenstühle … ja, sagte ich. Diese 32 Stühle à 8 Mark sind in der monatlichen Tantiemenabrechnung für die Autoren nie aufgetaucht. Es muß Kästner verstimmt haben. Er hat nicht mehr für die »Kleine Freiheit« geschrieben.

Den richtig großen Krach habe ich nicht miterlebt, denn ich machte etwas ganz Unglaubliches, ich machte Urlaub! Zwei Tage mit Irene an den Tegernsee. Mit zwei geliehenen Fahrrädern und 40 Mark. Wir wohnten im Badezimmer. Am ersten Abend gingen wir aus. In ein sehr schönes Tanzcafé am Seeufer. Am nächsten Tag hatten wir kein Geld mehr und fuhren zurück nach München. Am steilen Berg in Gmund zischte die Luft aus meinem Vorderreifen. Es war heiß, wir hatten Durst. 15 Pfennige hatte ich noch in der Tasche. Es langte weder für eine Limonade noch für die Reifenreparatur. Wir sahen uns an und lachten. Nur wir beide konnten uns in diese Lage bringen. Dabei standen wir vor dem großen Schaufenster einer Bäckerei. Wir sahen Erdbeertorten. *Erdbeertorten!! Eis!*

Unsere Gaumen und Halsröhren wie ein ausgetrocknetes Flußbett ... in diesem Moment ging die Türe auf, aus dieser nach Kaffee, nach Sahne, nach Eis und Torten duftenden Gemeinheit kam ein junger Mann heraus, sah mich verblüfft an und rief, durchaus mit dem Ausdruck der Freude: »Dieter!«

Ich schrie fast: »Roobert!« Wir hatten uns in einem Schwabinger Jugendheim, das ich als vorübergehender Nachtwächter bewohnen durfte, kennengelernt. Inzwischen war er Mitglied des Gärtnerplatztheaterorchesters. Aber ... und das war das Entscheidende: Er hatte zwei Wochen zuvor die Tochter des Konditors geheiratet! Es wurde ein satter Nachmittag.

Dann hatten Irene und ich noch einen Tag miteinander in München. Ohne Geld. Um mich herum nur Menschen, die man nicht anpumpen konnte.

Aber, so meinte ich, wir mußten unbedingt den Ab-
schlußabend im »Regina Palast Hotel« vertanzen. Da
spielte dieser Dings ... der Dings ... na! Da ist es wieder.

Renate, die mir nach Irenes Tod der Himmel in die
Arme gedrückt hat, wird ganz nervös, wenn ich anfange
zu »dingsen«.

»Mach nich«, sagt sie. Sie darf das sagen, denn sie hat
beginnende Gedächtnisschwierigkeiten durch eigene
Initiative überwunden. Eines Tages ging sie forsch zum
Max-Planck-Institut, und seitdem betreibt sie Gedächt-
nistraining. Die Ergebnisse sind erstaunlich.

Wo war ich? Ach ja, bei diesem Dings, der am Abend
in diesem Hotel am Dings ... Lenbachplatz ...
MAX GREGER!

Früh am Morgen nach unserer Rückkehr fiel mir ein,
wie man zu Geld kommen konnte. Sieben- oder acht-
mal hatte ich schon Blut gespendet in den diversen
Krankenhäusern und pro Liter 35 Mark bekommen.

Mit der Ausrede, ich müsse zu meinem Arbeitsplatz in
der »Kleinen Freiheit«, lief ich zu einem Krankenhaus,
wo, weiß ich nicht mehr, wurde als Spender angenommen, neben eine ältere, sehr liebe Dame gelegt, und
mein Blut floß sichtbar in sie hinein. Sie strich mir dankbar über den Arm und fragte ängstlich: »Bekommen Sie
denn was dafür, junger Mann?« Dabei schob sie mir
heimlich 30 Mark in die Hand.

Mein Gott, dachte ich, wenn sie wüßte, wofür ich ihr
Geld verwenden werde.

Mit 65 Mark saßen wir tatsächlich am Abend im »Regina Hotel« und tanzten. Dazu bekamen wir einen Rot-

wein. Natürlich ließ Irene nicht locker, sie wollte unbedingt wissen, woher ich plötzlich Geld hatte. Ich mußte es ihr sagen. Ihr Blick fiel auf den Rotwein. Der Abend war beendet.

Zwei Tage später trat ich wieder meinen Dienst an in der »Kleinen Freiheit« und erfuhr die Auswirkungen des kleinen Tantiemenskandals. Mein Vertreter wurde gerühmt. Er habe einen ganz besonderen Charme entwickelt, sei flink und anstellig gewesen und hätte sogar mit Frau Kolman einen christlich-jüdischen Disput über die Auswirkungen von Aragon auf das deutsche Theater geführt. Kein Wunder, denn er mußte ja die 32 Stühle nicht schleppen.

Und nun habe ich es wirklich nicht nötig herumzurätseln, wer denn dieser Dings ... dieser Ding ... nein. Dieser Ding fällt mir sofort ein:
EVERDING!

## BAYERN UND DIE KLEINEN
## FREIHEITEN

In diesen Jahren der Freiheit, der »Kleinen Freiheit«, stießen mich die großen Autoren des Hauses an der Maximilianstraße – Martin Morlock, Per Schwenzen, Werner Wollenberger – auf das von mir noch gar nicht erkannte Problem Bayern. Bis dahin fühlte ich mich in diesem Lande gut behandelt, wurde einmal von der Firma »Schirm-Schönherr« zur »Wies'n« eingeladen und sorgsam von den Damen der Nähabteilung nach Hause geführt, hatte überall bei den vielen Studentenjobs großzügige Chefinnen und Chefs, wurde früh schon über die sakralen Wichtigkeiten des Landes aufgeklärt, zum Beispiel über das Geheimnis des Weißwurstessens und die Marschordnung des Fronleichnamszuges und darüber, daß die Auswahl des Faschingsprinzen weit mehr Gemüter bewegt in der Stadt als die Wahl eines Landtagsabgeordneten. Nachdem ich dann noch Ludwig Thoma *Filserbriefe* gelesen hatte, fühlte ich mich informiert.

Dieweil aber brodelte es bereits in den Geheimkanälen der bayerischen Widerstandsbewegung. Man hatte diesen rheinisch-katholischen stockkonservativen Leitwolf der Restauration angefangen zu durchschauen.

Dieser Konrad Adenauer hatte manchmal so einen An-
flug eines Lächelns im Gesicht, wenn er über Bayern
sprach, daß man, das Ärgste für einen Bayern, befürch-
ten mußte, nicht ernst genommen zu werden von, ja, von
eigentlich einem Preußen, einem rheinischen, einem
füchsischen Sauhund.

Dieses Brodeln in den Bierkrügen hat Adenauer ver-
nommen und sofort die große Koalition zwischen CDU
und CSU angeboten. Auch wenn die CSU immer wieder von ihrer großen Schwester gedeckelt wird, hat sie
immer teil an der Macht, und zwar dort, wo sie hin-
gehört, am Rhein.

Das Schlimmste, was man der CSU in den Landesbe-
reichspalast in München zurufen kann, ist die Mitteilung, daß man sie so ausgedünnt hat, daß sie in Bonn die
Wirkung der FDP ausübt.

Zwei »dasse« hintereinander sind nicht schön, aber
richtig. Daß kann keine Zeitung mehr durchgehend …
halt, *das* kann kaum mehr eine Zeitung leisten, denn
ich, als Leser, merke, daß das *das* etwas ist, was Journalisten mehr und mehr überfordert. Daß *das* das geschrieben werden muß, wenn es etwaß … Verzeihung,
etwas meint, bezeichnet oder so was … ist doch son-
nenklar.

Daß *das* das Daß ausschließt, wenn das *Das* nicht mei-
nungsbegründend oder beweismitteltragend ist, mein
Gott, daß ist doch klar. Entschuldigung. Das ist doch
klar.

Und genau diese Probleme hat Bayern nicht, denn da
liegt die Problematik bei »des«, »dös«, doss oder dader-
wegen, und da gibt es keine verschiedenen esse.

Schon dieses ist ein Grund dafür, warum es sich für einen Alphabeten in Bayern besser lebt.

Auch sonst haben die Bayern viele Vorteile. Laufen sie in ihre Berge hinein, haben sie von ihren Vorfahren schon genaue Mitteilungen darüber, wie man wieder herausfindet.

Die große Familie legt so was wie einen Ariadnefaden mit Hilfe ihrer mitgebrachten Lebensmittel aus, so daß der Spurenpapa mit Hilfe der Bierdosen und der weggeworfenen Wurschtpellen leicht wieder aus dem Bergtal herauskommt. Münchner Wochenendbesucher sind in den verschiedenen angrenzenden Tirols so beliebt wie Berliner in Brandenburg.

Wie groß die Beleidigung ist, kann nur jemand ermessen, der die Einschätzung der Berliner seitens der Brandenburger seit mehr als sechs Jahrzehnten kennt.

Großstädter sind tückische Müllverbrecher. Sie bringen den Müll der Woche im Auto mit und versenken ihn im See ihrer romantischen Träume. Berliner, die nun wieder ihr Hinterland haben, sind absolut gleichberechtigt mit den Münchnern. Sie schwärmen am Wochenende aus und hinterlassen ihre Haufen.

Und wenn nicht sie selbst, dann ihre Hunde.

Der bayerische Landmensch hat allerdings Gelegenheit, sich an den Stadtmenschen zu rächen, indem er sie in regelmäßigen Abständen mit seiner Volksmusik auf das Land lockt. Dort ist der Städter, verunsichert durch das Fernsehen, ganz allein auf sein Urteil angewiesen, ob diese Musik, die Lieder oder die Kostüme eine Tradition haben oder a Sauerei sind.

Mir, der ich ein zurückhaltender Beobachter bin,

kommt es so vor, als ob die Frechheit voranflattert. Aus dem Bayern wird sein Diminutiv, ein Beierlein. Immer volksmusikalisch gesehen.

Das Umpfta-Umpfta-Umpfta dröhnt durch die Gassen.

Es ist zwar rührend, wie sie sich bemühen, diese Trachtenschnulzer, wie sie ihr bayerisches oder österreichisches Resterbe zwischen den Hosenträgern durchjodeln, aber sie sind inzwischen auswechselbar, die Schnulzis aus den Bergtälern mit den Schurickes aus den Großstadtateliers. Da sind mir fast diese beiden Fettbuben aus dem Herztal bei Wildeck noch lieber, die ihre kommerzielle Verwandtschaft zu Heintje nie geleugnet haben. Freßdichan und singmichzu war die Devise. Irgendeine Heiligenposition muß man ausfindig machen, die noch frei ist. Patrick Lindner für eine Generation von jungen Menschen, die sich freuen, daß so ein Typ trotz allem, was er nicht ausstrahlt, Karriere machen kann.

Es ist diese Postroyblackgeneration, die sich über die Generation der Sinnkrisenerben und ihre Ecstasyprobleme spielend hinwegsetzt.

Und diese sogenannte Volksmusik hat da kräftig mitgewirkt.

Die abfotografierte Übermenge in den Bierzelten, die automatisch mitklatscht, wenn die militanten Blasorchester einmarschieren, die durchaus den Reizeffekt von Militärkapellen leisten, dieser leicht, manchmal auch schwer verblödete Gesichtsausdruck eines schon halb Betrunkenen an diesen langen Tischen, der sieghafte Auftritt des Worthabers bei solchen Aufputschicals, wo dann der Dings ... der Dings ... egal.

Es erinnert mich an die Zeit, als meine Eltern mir Sie-
benjährigem sagten, es würde bald alles besser werden,
man müsse nur an Menschen glauben, die Ideen haben.
*Welche* Leute, wußte ich nicht.

Es gab damals Großveranstaltungen, die in großen
Räumen stattfinden mußten, weil der Redner wie ein
Caruso in die Kleinstadt einbrach und die Menschen
ganz verrückt vor Angst waren, nicht dabeisein zu kön-
nen. »Dieser Rausch«, sagte meine Mutter, »dieser
Rausch, der einen erfaßt!«

Am nächsten Tag sprach man voller Begeisterung von
diesem Dings, ... und nie werde ich vergessen, wie der
Kollege meines Vaters sagte: »Er hat mir in die Augen gesehen!« ...

HAIDER!

Ich meine Jörg Haider, der auf dieser falschen Volksmusik in den Saal reitet. Der andere, den meine Eltern
in unserer Kleinstadt (Löwenberg/Schlesien) bejubelt
haben, war Hitler. Haider ist ein kleinerer Hitler, seine
Mittel sind wesentlich bescheidener, aber die der Volksmusik inzwischen größer.

Wenn es so weitergeht in Österreich, müssen wir sie
wieder befreien!

Wir hier in Bayern natürlich. Bayern hat diese demo-
kratischen Sinnkrisen längst hinter sich. Hier ist der
Dings, der ... nicht durchgekommen. Bayern ist werte-
beständig. Da kann nicht einfach jemand kommen und
die katholische Grundordnung außer Kraft setzen. Als
die braune Springflut kam, waren die Menschen hier
äußerst betroffen. Und bewegt. Passau und München
stritten sich darum, wer was wird. München wurde die

Hauptstadt der Bewegung, Passau viel später die der Betroffenheit.

Darum muß man gerade München zubilligen, daß es die Frontposition im Kampf gegen die Antichristen übernommen hat. Sie kamen, die Antichristen, mit einer gewaltigen Übermacht. Von allen Seiten! Links der Mann, rechts die Frau dieses Ehepaars, die nicht wollten, daß in der Schule ihres Kindes das Kruzifix an der Wand hing. Sie gingen bis zum Verfassungsgericht nach Karlsruhe!

Und sie gewannen!

Kreuzschwerenot!

Der Verdacht, es könnte unaufwendigere und, naja, klügere Urteile geben, schlich sich bei mir ein. Unaufwendiger insofern, als diese Christliche Union bisher noch immer jede Gelegenheit wahrgenommen hat, ihre volksbildende, herzkräftigende und kuhmilchnahe Landnähe zu betonen.

Man konnte Hochwürden Rindsmayer und seinen unzähligen Amtskollegen mit Leidenschaft mitteilen, man stünde voll hinter dem Kreuz und dem Papst und ließe sich kein Kondom über die Gesinnung stülpen. Es war bewegend.

Und dann kam es zu dieser äußerst brisanten Demo vor der Feldherrnhalle. Kämpferisch und mit zusammengebissenen Fäusten sammelte sich das katholische Kernvolk der Stadt München und der angeschlossenen kirchlichen Kampfgruppen unter Einschluß von evangelischen Bischofsgrußbotschaftern, die alle vermitteln konnten, daß man Angst haben müsse, in Zukunft jedenfalls, um sämtliche Kreuze im Land. Um Gipfelkreuze, um Autobahnkreuze, um das Rote Kreuz und um das Deutsche Kreuz in Gold. Und das mitten in Bayern!

Der Kardinal Wetter war selbstverständlich an vorderster Front. Kämpferisch wie Rudi Dutschke hat er gerufen, daß er für das Kruzifix sofort an der Spitze seiner Lämmer von der Feldherrnhalle aus den Marsch nach Karlsruhe … hat er nicht, aber an die Verfolgung im Dritten Reich hat er erinnert, wo besonders die katholische Kirche an der Spitze des Widerstandes … sich der Bewegung angeschlossen hat. Und warum?

Um dem völlig überjudeten Bolschewismus das Hakenkreuz auf den ungläubigen Schädel zu hauen.

Wenn das erst mal gelungen ist, haben sie sich gesagt, montieren wir die Haken wieder ab und rehabilitieren unsere Brüder, die im Widerstand ohne unsere Hilfe umgekommen sind.

Lasset uns beten.

Irgendwie war der Platz an der Feldherrnhalle für diese Kruzifix-Demo nicht so geeignet. Weil man dauernd an den Pater Rupert Mayer denken mußte.

Das schien den Demonstranten nicht so zu gehen. Das gesamte Protestpotential des bayerischen Staates stand da. Minister, Staatssekretäre, Generalsekretäre, Abgeordnete, der Ministerpräsident, die Senatoren, 200 Nonnen und in vorderster Front die uniformierten Studenten der schlagenden Verbindungen mit diesen hohen Müllschluckstiefeln – es hätte sich auch um die Beerdigung eines Wittelsbachers handeln können. Und das Bayerische Fernsehen als Mitglied der ARD hat das in voller Länge übertragen. Und da waren viele Längen dabei.

Und damit gar nichts passieren konnte, übertrugen sie es zur selben Zeit auch noch in ihrem Dritten Programm!

Und zum Schluß sagte eine Stimme:

»Diese Sendung wurde Ihnen präsentiert von Klosterfrau Melissengeist.«

Um die Wichtigkeit dieses Vorgangs noch einmal zu unterstreichen, schrieb Bischof Dyba dazu im *Bonifatiusboten*:

Die Kruzifixentscheidung, schrieb er, habe wie ein Blitzschlag die deutsche Landschaft erhellt.

Und weiter: »Wir sollten uns da keine Illusionen machen: Die neuen Bundesländer zum Beispiel sind weder christlich noch abendländisch, sondern nach einem halben Jahrhundert staatlich verordneter Gehirnwäsche mehrheitlich heidnische Länder. Das ist zunächst einmal nüchtern festzustellen.«

Das kann er nicht nüchtern festgestellt haben.

Zum Schluß schreibt er: »›Löscht den Geist nicht aus!‹ mahnt uns der heilige Paulus.«

Richtig. Und ich sage: »Dyba! Hör mit dem Saufen auf.«

In Bayern genießt der Bischof bei großen Teilen der regierenden Verantwortungsträger und gewählten Landlenker unbegrenztes Vertrauen, auch wenn er in Talk-Shows mehr wie ein putziges Schlagdraufmännlein wirkt. Er wiederum kann sich auf den Gehorsam und die Liebe des Politikers zur Macht und der gemeinsamen Sicherung derselben verlassen.

Glanz liebt er, der Bajuware, Feste feiert er gern, arbeiten mag er, Geld verdienen möchte er, und Leuten mit dieser unbeschreiblichen Aura der absoluten Autorität folgt er. Da konnte es dann schon passieren, daß er sein Kreuz damals bei solchen geprängeliebenden Typen wie Hitler und Göring hingemacht hat. Und daß er das andere Kreuz zeitweilig hintangestellt hat.

Und so wurde dieses von aller Welt so geliebte und so heftig aufgesuchte Volk der frommen Realisten eben vorübergehend ... es muß hin und wieder ein Kalauer her ... zum Volk ohne Rom.

Natürlich bin ich diesen Menschen und ihrer Lebensart auch schon längst verfallen. Mit leisem Vergnügen lausche ich ihrem Volksmund: »Schlägst deine Kinder, schlägst deine Frau – Hauptsache, du schlägst dein Kreuz.«

Schauerlich ist nur die Politik, die sie sich schon so lange gefallen lassen.

Immer wieder jagen die Einpeitscher ihre Abgeordneten (CSU) in die entscheidenden Abstimmungen, um alles, aber auch alles zu verhindern, was bezüglich der Fortpflanzungsprobleme zu einem vernünftigen Kompromiß führen könnte.

Der bayerische Kultusminister greift persönlich ein, lockt den Bürger in den Hinterhalt einer Beichtzelle und nimmt ihn dann ins Gebet, falls er gezaudert haben sollte, ob das nur eine Glaubensfrage sein kann, wenn Millionen Menschen ihre Kinder nicht mehr ernähren können.

Aber das verlangen die Inhaber der christlichen Moral gebieterisch: Zur Welt kommen müssen sie, die Geschenke Gottes, auch wenn sie kurz danach wieder sterben.

Denkbares Argument des Kultusministers: Hauptsache, sie sind getauft.

Empörte Rückfrage der Frauen, die sie gebären:

»Und unser Papst, denkt er nur an die Kinder, nie an die Frauen?«

Barsche Antwort aus dem Cockpit des Vatikans:

»Jesus hat gesagt: ›Lasset die Kindlein zu mir kommen.‹ Von Frauen war nie die Rede.«

Originalzitat Seiner Heiligkeit: »Gott gewährt seine Gnade auch den Verhungernden.«

Mahlzeit.

Sollten die verhärteten Fronten in Deutschland einmal aufweichen, wird man erschrocken feststellen, daß niemand für diesen Fall eine Kompromißlösung vorbereitet hat. Weil niemand auf den Gedanken kommt, daß das passieren könnte. Wie sagte dieser Spaßvogel ... der Dings, der ...

»Religion ist die Leine, an der man uns Gassi führt.«

Ach herrje, das war ich ja selber.

Nein, der berühmte Religionsstifter, der das Drogenproblem und seine innere Beziehung zum gelenkten Volk erkannte ...

MARX!

»Die Religion ist der Seufzer der bedrängten Kreatur«, sagte er und endete mit diesem vielzitierten: »Religion ist Opium *für das* Volk.«

LENIN!

Das war Lenin, weil Marx gesagt hat: »Religion ist das Opium *des* Volkes.«

Kaum sind die Denkmäler gestürzt, schon verwirren sich die Zitate.

Natürlich bin ich nicht blöde und erkläre jetzt noch den gewaltigen Unterschied in diesen beiden Aussagen!

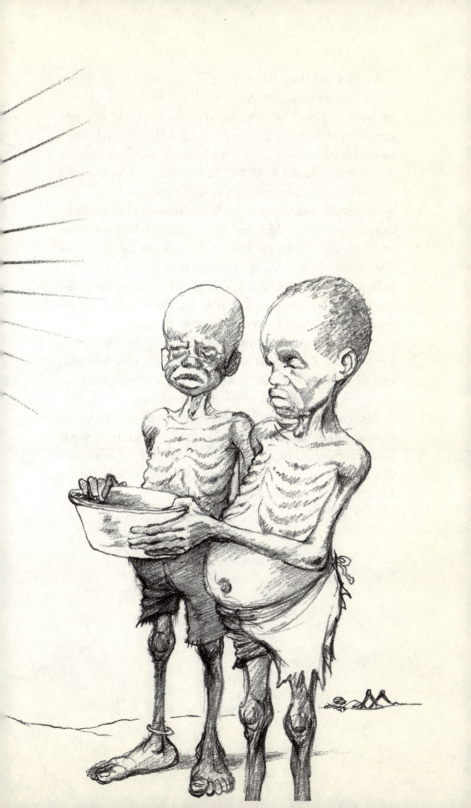

Mein Gott, bin ich froh, daß ich Marx und Lenin nicht studieren mußte. Aber ich hätte doch einen Kompromißvorschlag: Warum packt man das Übel der ungewollten Fruchtbarkeit nicht an der Wurzel? Ich meine nicht Kastration oder Sterilisation, sondern einfach die strenge staatliche Überwachung der Ursache der Schwangerschaften, nämlich des Verkehrs.

Spätestens dann, wenn die Schlafzimmerüberwachung durch modernste Abhörtechnik längst schon möglich ist, vielleicht schon praktiziert wird, kann der Staat, im übertragenen Sinne, mit in das Bett steigen, und das kopulierende Paar bekommt über den Fernsehapparat, der ständig angeschaltet zu sein hat, den Befehl, den wir inzwischen aus dem Boxring kennen: »Break!«

Damit ist endgültig eine neue Zeit angebrochen. Vorbei sind die Zeiten des Mannes, der die Menschen aufgefordert hat, auch der Lust eine Chance zu geben ... der ... verdammt, daß ich nicht darauf komme ...

Als zusätzliche Maßnahme, wenn die menschliche Zuwachsrate einmal dramatisch steigen sollte, könnte man Lautsprecherwagen durch die Straßen fahren lassen mit dem Befehl: »Auseinander!« Oder: »Heute bleibt die Hose zu – So ordnet an die CSU!«

LUTHER!

## MIT 70 GEDÄCHTNIS WIE MIT 20

Daß mir Martin Luther nicht eingefallen ist, war jetzt doch deprimierend. Aber wie sagt man? Immer wenn etwas brennt, kommt die Versicherung daher und behauptet, man habe selbst ... nein, das war es wieder nicht. So ging es: »Und wenn man denkt, es geht nicht mehr, kommt eins-zwei-drei die Feuerwehr.«

Vielleicht ist das auch noch nicht ganz richtig, aber bei mir stimmt es, das ist die Hauptsache.

Kaum hatte ich den Luther weggesteckt, las ich eine Boulevardzeitung und war über die Schlagzeile begeistert: »Gedächtnis wie mit 20!«

Es gibt also jetzt eine Pille, die »das Erinnerungsvermögen von 65 bis 73 Jahre alten Probanden verdreifacht hat«.

Man bezieht sich auf eine Meldung des Wissenschaftsmagazins *New Scientist*.

Es seien, so war zu lesen, nicht etwa Scharlatane, die das verkündet hätten, sondern »Pharmakologen der University of California«. Das schüchtert ein.

Ach so? fragt man und überlegt.

Noch ohne die Pille eingenommen zu haben, fällt mir augenblicklich ein, daß es einen Professor der University of Oldhavelskol bei Mountainshire in Kentucky gegeben haben soll, der herausgefunden hat, daß Liebemachen zwischen sechs und sieben Uhr morgens zu geschwollenen Mandeln am Nachmittag führen soll.

Zwei Professoren aus New Ipsburg haben vor dem Verzehr von gerösteten Killerbienen gewarnt, weil das aggressiv macht.

Und dann gibt es noch die Geschichte von einem unschuldig geköpften Delinquenten, dem der Kopf wieder angenäht werden konnte. Einziger Nachteil: Er konnte ihn nicht mehr schütteln. Nach der geglückten Rettungsmaßnahme hat man ihn noch einmal auf Ehre und Gewissen gefragt: »Haben Sie die Tat begangen, ja oder nein?«

Da er nun leider den Kopf nicht mehr schütteln konnte, hat man den Mann noch einmal geköpft.

Ich gebe zu, das waren jetzt erfundene Meldungen, aber die wirklich gemeldeten Ungeheuerlichkeiten habe ich leider nicht mehr genau im Kopf.

Ich habe also noch einmal in die Zeitung hineingeschaut und eine weitere sensationelle Mitteilung entdeckt, die mich und meine memoriale Verlegenheit betrifft. Ein norwegisches Forscherteam hat die Geschwindigkeit gemessen, mit der sich ein Gedanke fortbewegt.

Wofür? Warum?

Zunächst dachte ich mir, überlies es. Solche Zeitungen brauchen solche Meldungen. Sie wären alle halb so schlimm, wenn sie nicht eine erste Seite bräuchten.

Aber dann war dieser Gedanke ganz schnell weg, und da wurde ich doch neugierig. Wohin weg? Wo ist er jetzt? Warum wollte er nicht bleiben?

Das Forscherteam hatte herausgefunden, daß ein Gedanke sich mit einer Geschwindigkeit von sechs Metern in der Sekunde von mir fortbewegt. Heißt also, nach einer Stunde hat er sich 21600 Meter von mir entfernt.

Ja schön, aber in welcher Richtung?

Der Gedanke, ihn einzuholen, ihn zurückzuholen, muß also scheitern, weil der verfolgende Gedanke, selbst wenn die Richtung stimmt, dieselbe Geschwindigkeit hat. Ein Wettlauf ist genauso unmöglich wie ein Skirennen zwischen zwei Läufern, die Skilift fahren.

Die deprimierende Folgerung: Ein Gedanke, den man hat, ist auf jeden Fall verloren.

Zum Beispiel der Gedanke, daß die Sache mit der Pille ein ungeheurer Schwindel sein muß, wenn die zweite Meldung stimmt.

Ich stelle gerade fest, daß diese Gedanken alle schon 21600 Meter von mir entfernt sind.

## HEINES

Es gibt Gedanken, die sich in mir versteckt halten, die irgendwann in mir verschwunden sind und mittels eines Stichworts plötzlich aus ihrer Zelle springen, die bereits erwähnte Türe aufstoßen und »Kuckuck!« rufen.

Schau schau, denke ich, da ist er ja wieder, der Gedanke. Donnerwetter, denke ich, der ist zäh.

Seit Freud heißt das natürlich »verdrängt«, aber ich möchte es für meinen Bedarf anders nennen, weil zum Verdrängen ja eine eigene Energie gehören würde, die ich meiner Erinnerung nach nicht aufgewendet habe.

Dazu werden die Manager der Gedächtnisindustrie über soviel Nichtwissen vermutlich empört die Hände unter dem Arsch zusammenschlagen, aber ich bleibe dabei, daß es für mich Gedanken gibt, die ich verbunkert habe. Nicht verdrängt.

Ich habe Gedanken aufbewahrt, wie unbewußte Rebellen Munition speichern. Ich habe mein Gedächtnisgelände vermint.

Das ist gar nicht christlich, ich weiß, aber christlich zu denken, ist auch nicht immer menschenschonend. Ein großer deutscher Verleger, Helmut Kindler, hat meinen Verdacht vor kurzem bestätigt. Die Parole »Liebe deinen

Nächsten wie dich selbst« hat keinen jesusmäßigen Ursprung, sie stammt aus der Urzelle der drei großen Religionen, aus dem Kopf des Überkopfes Abraham.

Wer sich so wenig selbst liebt wie der Deutsche, hat daraus die Konsequenz gezogen und den Massenmord zum göttlichen Gebot erhoben.

Verführt zu solch einem nutzlosen Exkurs wurde ich durch diese blödsinnige Aufrechnung meiner Gedankengeschwindigkeit! Nach einer Stunde ist mein Gedanke, gut oder schlecht, 21 600 Meter von mir entfernt?

Stimmt nicht. Mein verbunkerter, verminter, revanchistischer Kindergedanke ist noch immer bei mir. Seit 1934.

Ich war damals sieben Jahre alt und stand, ich nehme an, es war am 2. Juli 1934, an der Hand meines Vaters auf dem Marktplatz von Bunzlau in Niederschlesien. Würde man mich heute auffordern, diesen Standplatz zu bestimmen, ich glaube, ich könnte es.

Auf diesem Platz hatte ein paar Tage zuvor eine machtvolle SA-Veranstaltung stattgefunden. Mir, dem künftigen HJ-Knirps, war es eine Verpflichtung, diesem Auftreten des Gruppenführers Dings ... äh, des Dings ... äh ...

Auf diesen Namen bin ich leicht gekommen.

Während eines Seminars im Jahre 1952 stellte Professor Hederer die Frage: »Wessen Liebesgedichte in Deutschland sind die zu bewahrenden?«

Einhellige Antwort der Seminarteilnehmer: Heines.
HEINES!

Heines war diesmal kein Genitiv, sondern ein nominativer Vorzeige-Nazi.

Genau so hieß nämlich der SA-Obergruppenführer, der Tage vor dem »Röhm-Putsch« in Bunzlau auftrat. Was die vielen Leute an diesem Mann so interessierte, weiß ich nicht, aber der junge Mann, der auf unserem Bauernhof arbeitete und Mitglied der Bunzlauer Reiter-SA war, sagte, daß Heines die Versprechungen Hitlers von 1933 eingefordert hat. Das habe ich damals nicht begriffen. Daß Hitler auf dem Rücken der SA-Schläger und Mördertruppen an die Macht gekommen war, hatte zur Folge, daß diese Bande ihre staatliche Legitimität einforderte.

Es waren diese Butterstullengeköderten, denen man das Braunhemd und das Koppelschloß und den Schulterriemen und die knallenden Stiefel durch die milden Gaben der Großindustrie finanziert hatte, die nun ihr Recht forderten, nämlich die Reichen und Pfaffen und Adligen, die reichen jüdischen Zeitungsinhaber und Theatermacher, die Filmverderber, »Börsengauner und Schieber« – die ganze bürgerliche Bande also, die scheinheiligerweise sofort das Parteiabzeichen gekauft hatte – in den Nachttopf zu tunken.

Und das alles sagte dieser Herr Heines auf dem Marktplatz zu Bunzlau. Damit hatte er eigentlich nichts anderes gesagt, als das, was sein Häuptling Hitler geschrieben hat.

Röhm, der Stabschef der größten Rabauken- und Mörderbewegung der Welt, muß das genauso verstanden haben. Er traute seinem Duzkumpanen Hitler nicht mehr.

Mit Recht, denn der schwatzende Adolf war längst in den Armen der gelangweilten Villa-Hügel-Milliardäre zum Angestellten ihrer nationalen Gesin ung geworden.

Wer Kanonen verkaufen will, braucht einen Kasper, der das Volk auf die Hexe hetzt.

1934 stand Hitlers System auf dem Prüfstand.

Er nahm die Chance wahr und ließ seine eigene Revolution erschießen. Mit Hilfe der SS röhmte er die SA weg. Heines wurde erschossen. Röhm auch.

So weit, so bekannt.

Aber mir, sieben Jahre alt, der ich Heines mit seiner ganzen revolutionären Vision erlebt hatte, ohne ihn im geringsten zu verstehen, schien der Held abhanden gekommen zu sein.

Und (vermutlich) am 2. Juli 1934 standen wir ... ich hatte meinen Vater an der Hand oder er mich an meiner ... schräg südöstlich vom Eingangstor zum Rathaus von Bunzlau dem Kreisbauernführer Springer gegenüber. Er hieß wirklich so und war, wie fast alle Bauernverbandsbosse, SS-Führer, hatte hohe Stiefel an, trat guter Laune von dem einen auf den anderen Fuß, strahlte über sein breites, harmloses Bauerngesicht und erklärte allen sechs Umstehenden, einschließlich meines Vaters, er, der Kreisbauernführer, hätte sämtliche Adligen seines Landkreises einfangen lassen, wegen des dringenden Verdachts einer Komplizenschaft zur revolutionären SA, und in diesem Augenblick seien sie alle in seinem Keller eingesperrt.

Wieherndes Gelächter der um den Bauernspringeroberbonzen herumstehenden Kleinbürger.

Das hellauf begeisterte Lachen meines Vaters klang mir noch lange im Ohr.

Als ich ihm diese gespeicherte Geschichte viel später erzählte, meinte er amüsiert, daß man mit sieben Jahren noch nichts aufnehmen könne, das zur Geschichtsbildung einen verwertbaren Beitrag liefern kann.

Irrtum. Man braucht als herausragendes Erlebnis keinen Elefanten, der bei deiner Geburtstagsfeier ins Haus kommt und sich auf deine Geburtstagstorte setzt. Es genügt eine blöde Tante, die reich genug ist, dir das Richtige zu schenken und es nicht tut.

Es genügt eine Irritation, die durch das Lachen deines Vaters ausgelöst wird. Warum lacht er mit, wenn ein Idiot erzählt, daß er kraft seiner Macht die Großgrundbesitzer seines Landkreises in seinem Kartoffelkeller gefangenhält? Wieso hält er es nicht für möglich, daß ich den Sohn eines der Gefangenen kenne?

Ein paar Jahre später, als er das Gelernte aus dem Geschichtsunterricht abfragte, glaubte ich, daß die ähnliche Schadenfreude über das Ende des französischen Adels anläßlich der Kopfabrevolution angebracht sein könnte. Dafür erntete ich von meinem Vater eine Ohrfeige. Und zwar für die Zeile: »Die Ernte kam, der Kopf war im Korb.«

1947 gerieten wir in eine kritische Phase.

Mein Vater hatte endgültig entschieden, daß er an diesem 2. Juli nicht mit mir auf dem Marktplatz zu Bunzlau gestanden hatte. Er hätte haben können, aber er hatte nicht, betonte er.

Wohlgemerkt, er hatte nie geleugnet, irgendwann auf dem Oberbückeberg an der Harz dem Oberbauern Hitler ins Auge geblickt zu haben, aus dem dann Geist und Genie gesprüht haben sollen, was notgedrungen zur halben Eroberung der Welt ... zur Eroberung der halben Welt und, tja, zur Aussortierung der nicht lebensfähigen slawischen ... und er hatte auch nie diesen ekligen Himmler vergessen, der ... das hat meinem Vater arg geschadet, weil er seinem Sohn gegenüber plötzlich wie ein Verlierer aussah.

Das war er auch. Von da an übernahm ich die Macht. Mein Vater hatte seinen Schrecken verloren.

Das Wissensvorbild war geschrumpft zum Tatzeugen. Der aber verweigerte die Aussage.

Meine Fragen wurden unverschämter.

Viele Jahre nach dem Kriegsende habe ich meinen Vater befragt, wie es denn 1934 bei dem Röhm-Putsch zugegangen sei.

Er hat kurz nachgerechnet, ob ich denn zu diesem Zeitpunkt schon gelebt haben könnte, und mitgeteilt, daß Röhm für ihn nicht mehr erwähnenswert sei.

Die Frage, ob es besser gewesen wäre, wenn Röhm Hitler und nicht Hitler Röhm umgebracht hätte, wollte er gar nicht mehr beantworten. Außerdem hätte er gar keine nähere Bindung zu diesem Kreisbauernführer gehabt.

Nachdem ich wußte, in welch gutem Lichte dieser Herr Springer in unserem Hause gestanden hatte – Kinder haben vier Ohren –, fragte ich mich in den Kriegsnachfolgejahren, was es mit diesem Gedächtnisverlust auf sich haben könne. Nun weiß ich es. Der Gedanke, den mein Vater im Jahre 1934 hatte, als er über den Kreisbauernführer erfuhr, daß die Adligen seines Landkreises im Keller des SS-Springers saßen, war inzwischen 24 598 Kilometer entfernt!

Betrachtet man das Erinnerungsproblem der Deutschen unter diesem Aspekt, haben wir das Rätsel um den weit verbreiteten Adolfsheimer nahezu gelöst.

## LALLINGER

Dr. Joachim B. Lallinger ist die Weiterführung des eben besprochenen Gedächtnisbeseitigungskonzepts zu verdanken, der Sperrmüllgedankenverwertungs-AG. Sperrmüllgedanken haben eine Geschwindigkeit von minus 1,0 Zentimeter.

Jede Form von Aufklärung erzeugt sofort eine Gegenreaktion, die Abklärung.

Chef der Abkläranlage ist Dr. Lallinger. Er ist als Allzweckwaffe gegen jegliche Form des beginnenden bürgerlichen Nachdenkens bereits gefragt. Lallinger lallt in sämtlichen Talk-Shows alle anderen Gedankenversorger zu. Sollten wirklich einmal Lücken entstehen zwischen den Fragen der Frageherstellervertreter und den Beantwortungsbeauftragten der Fragenbefriedigungs-GmbH., steht Dr. Lallinger als Zuschwatzexperte zur Verfügung. Lallinger ist die lebende herumreisende Therapie für den drohenden Schmalzheimer beziehungsweise Schwatzmeier ..., kurz gesagt, das notgedrungen entstehende Gegengleichgewicht für den, dem nichts mehr einfällt. Der ununterbrochen vor sich hin witzende, übereinfallsreiche Wortkünstler, der sich zwischen Kritikenschreiben und Sichaufdiebühnewagen nicht entscheiden konnte und an einem Dienstag gegen November um drei Uhr nachmittags kurz vor der persönlichen Polizeistunde erfahren hat, daß für ihn, den Lallinger, kein Intendantenposten frei gehalten worden ist. Er hat sich dann sofort für die Politik entschieden.

Vielleicht hätte man sich, mit Hilfe einer etwas durchschauenderen Kulturpolitik, des Lallingers entledigen können. Des Mannes, der ... Moment, da war was nicht in Ordnung. Nicht durchschauenderen, sondern durcherschauenden ... Hätte man sich können.

Es ist lästig, die hängengebliebenden Satzteile immer wieder zu einem Schluß zusammenknüpfen zu müssen.

Herbert Wehner war der Meister in dieser Kunst. Von einem Satz über 2,34 Minuten blieben Verben in sieben verschiedenen Konjungationsformen übrig, die am Schluß dann doch am richtigen Platz standen: haben, gehabt haben, hatten, verkünden müssen, zu sein.

Lallinger hat vor vielen Jahren schon an die Verschnellerung der Gedächtnisentfernung durch Verdoppelung der Wortausschüttung geglaubt.

Als er aus einer ihn nicht näher interessierenden Diskussion zu apokalyptischen Fragen der Wohlstandsgesellschaft kam, machte ihm sein Wort-Coach, Dr. Emmzich, auf einen Versprecher aufmerksam, der im TV-Studio Heiterkeit ausgelöst hatte.

»Herr Dr. Lallinger«, sagte Dr. Emmzich, »ist Ihnen aufgefallen, daß Sie statt Apokalypse Kapitalypse gesagt haben?«

»Nein!« sagte Lallinger, »aber wem fällt denn das noch auf?«

»Hie und da«, sagte sein Coach, »hören die Leute noch hin. Zum Beispiel, wenn Sie Hegel zitieren wollen und statt ›Beweisen heißt überhaupt nichts‹ sagen ›Wissen beweist überhaupt nichts.‹«

Lallinger war empört und schrie seinen Sprechtrainer an: »Wo ist denn da der Unterschied?«

»In der Urheberschaft«, sagte Dr. Emmzich. »Das zweite Zitat ist richtig, meint aber etwas ganz anderes und ist nicht von Hegel sondern von Hebbel.«

Lallinger konterte mit einem erleichterten Lächeln: »Es hat niemand widersprochen. Absoluter Konsens! Man hat mich mal mit einem verbalen Düsenjet verglichen, der einen gewaltigen Konsensstreifen hinter sich herzieht. Ist das nicht mitreißend formuliert?«

Dr. Emmzich schluckte und versuchte, weitere Schadensbegrenzung zu betreiben.

»Lieber, verehrter Lallinger«, sagte Emmzich, »achten Sie auf die Konjunktive!«

Lallinger war nun endgültig verletzt.

»Miiir sagen Sie das? Müüür? Mir, der ich kennte, könnte, schüfe, trüfe, hülfe und trübe und müge genau auseinanderzuhalten wüßte?«

»Als Sie auf die leidige Hauptstadtfrage kamen«, sagte Dr. Emmzich, »wobei die Schecks der sieben Bundesverbände, die, inklusive des Hartmannbundes für sudetendeutsche Gemüsepflege, Ihren rechten Busenbereich so beulten, daß man Sie für einen Leibwächter hielt, sagten Sie verräterischerweise, daß der starke Baum dieser Republik Bonn sei.«

Lallinger stutzte, hatte einen halben Blackout, also einen Greyout, fragte zurück: »Wieso Bonsai?«

Emmzich ging in die Offensive und legte Lallinger auf die Lallmatte: »Sie sagten dann noch Papierflugzeug statt Passagierflugzeug, und bei Wurm im Turm haben Sie gefordert, man müsse der Lüge ein Bett bereiten, in dem die Wahrheit schläft.«

Lallinger spontan entzückt: »Ich schlafe am liebsten mit der Lüge, sie sagt immer, daß ich großartig war.«

Lallinger hat die Konsequenz seiner Existenz populär formuliert: »Ziel eines Politikers kann nicht sein, eine Nachricht zur Kenntnis zu nehmen, sondern eine zu werden.«

Die Lallingers sind die Parteivorsitzenden von morgen.

Die Parteien von gestern sind die Lallingers von heute.

Heute sind die Lallingers von gestern – morgen sind sie Parteien.

LFD, Lallingers Freie Demokraten, die seit 30 Jahren nichts anderes getan haben, als sich zur Verfügung zu halten, wenn eine Abstimmung im Parlament schiefgehen könnte.

Menschen, die gar nicht wissen, wo sie hin wollen, sollen, müssen oder dürfen, liberal zu nennen, halte ich für ein Wählerpotential, das zu liberal ist, um klug zu entscheiden, wem man die Verantwortung überläßt.

Man kann mit diesen Leuten überhaupt nichts anfangen!

Lauter Lallinger! Machen Sie doch, was Sie glauben, daß wir es tun, wenn Sie wissen, was wir tun werden, wenn alle meinen, daß wir mehr sind als die anderen, die das nicht für möglich halten, weil sie ziemlich sicher sind, daß sie gar nicht recht behalten *können*, weil es gut ist, was sie glauben, wenn Sie wissen, was ich denken könnte über das, was Sie meinen. Und das meine ich auch. Glauben Sie's mir!

Ich gebe – du gibst – er nimmt.

Die Nehmer bringen die Konjugationen durcheinander. Er – sie – es gibt müßte es ja eigentlich weitergehen, aber: Er nimmt. Die Nehmer vermehren sich.

Unser Miteinanderleben soll ein ständiges Geben und Nehmen sein. Ich gebe ihr oder ihm mein Vertrauen, er oder sie nimmt es. Die Lallingers gehören zu den Gebern. Sie geben sich völlig aus, sie geben ihr Äußerstes, sie geben an, sie geben nie auf. Sie sind Geber.

Wenn sie auch die Landschaft mit ihren redundanten Anstrengungen einnebeln, sie geben sich Mühe.

Die Nehmer sind die eigentliche Bedrohung unseres Gemeinwesens. Sie nehmen Arbeit und diese damit anderen weg, sie nehmen Lohn und damit denen, die ihnen diesen geben, die Lust an der Innovation, die Motivation, damit die letzte Bindung an die Nation, denn wo das Geld winkt, kein Deutschlandlied erklingt. Die Spezies der Geber, die im Lande bleiben wollen, steht bereits unter dem Artenschutzgesetz.

Die großen deutschen Geldwaschstraßen, die Großbanken also, die in Frankfurt so herausragend die Skyline bestimmen, haben es schon sehr früh begriffen: Deutschland ist eine Eisscholle, man muß schauen, daß man auf das Festland kommt. Ohne Hilfe der Großbanken hätte es die großen Finanzskandale nie gegeben. Ja, *geben*. Kredite geben. Vertrauen schenken. Banken sind, wenn man ihrer Werbung glaubt, besser als Mutter Theresa. Denn Mutter Theresa will ja, daß die Menschen, um die sie sich kümmert, gesund werden, was rücksichtslos ist, denn dann müssen sie ja wieder von vorn ... Die Banken handeln viel humaner und erledigen die Leute absolut. Sterbehilfe auf nette Art.

Banken haben es mit einer gefährlichen Art von Menschen zu tun, die das Geldwesen nicht versteht und trotzdem mehr aus dem Geld machen will, das ihr gar nicht gehört. Der Bank gehört es auch nicht. Und genau das vermitteln die, die eine Bank betreiben, nicht.

Der Banker gibt mir ein Geld, das ihm gar nicht gehört. Ich schieße ihm erst mal Geld vor, damit er mir Geld gibt. Sein Entschluß, mir Geld geben zu sollen, basiert auf seinem »Gesamturteil«, das er von mir gewonnen hat. Ich mußte ihm sagen, was ich mit seinem Geld, das gar nicht seins ist, machen will, während er mit meinem Geld, das nicht mehr meines ist, Gewinne machen will, die nicht meine sind. Zwischendurch hat er mich ausspionieren lassen, was ich denn für ein Typ bin, wann ich nach Hause komme, mit wem ich zusammenlebe, welchen Einfluß eine Sie auf mich ausübt, könnte ja auch ein Er sein, was die Sache sofort komplizierter machen würde, wie ich Auto fahre, was ich und wieviel ich trinke, ob ich kreditrückzahlungsgefährdende Hobbys habe, was es mit meiner zukunftsgefährdenden Gesundheit auf sich hat, denn »die Nachbarn haben ihn seltsam husten hören«. Ja. Geld nehmen, das einem nicht gehört, erfordert eine Bereitschaft, sich ausforschen zu lassen.

Wer etwas nehmen will, muß alles geben. Und wenn er Pech hat, landet er unter der Brücke und die Bank hat seine Eigentumswohnung.

Schluß mit der Jammerei.

Ganz kühl betrachtet ist die Karriere als ein Phänomen zu betrachten, das mehr mit Geben als mit Nehmen zu tun hat. Ein Mensch, der als Arbeitgeber gibt und als Unternehmer nimmt, hat Schwierigkeiten, das auseinanderzuhalten. Wann gibt er, wann nimmt er?

Wer etwas unternimmt, hat die Sympathien. Leider hat er ganz schnell Untergebene, die etwas ganz Falsches geben, nämlich sich. Mit Frau, Kind und Zukunft.

Die Untergebenen eines Unternehmers, die Unternehmen später übernehmen möchten, müssen ganz früh zu erkennen geben, daß sie die Kriminalität des ganzen Betriebes für durchschaut, überrechnet und gesellschaftlich vertretbar gehalten haben. Das sind die Nachfolger. Eigentlich ist das ein höchst sympathisches System.

Im vorigen Jahrhundert konnte niemand etwas wagen, der kein Geld hatte. In diesem Jahrhundert bekommt man sofort Geld für den Hauch einer Idee, wie man es vervielfachen könnte.

Es ist eine erfolgreich erprobte Methode der Banker, über den Umweg des Verhandelns mit Menschen, die aussichtsreiche Pläne zum Erwerb von Immobilien ersonnen haben, über kurz oder lang diese Geschäfte an sich zu reißen. Menschen, die in Gesprächen mit solchen Verhandlungspartnern zugeknöpft sind, kann ich gut verstehen, denn Banker möchten nichts anderes erfahren als die Adresse der Immobilie, die sie dem Ideenbringer dann abknöpfen können.

Ich habe das manchmal, noch während ich einen Gedanken wende und wälze wie etwas zu Bratendes, läuft ein Kontrastgedanke mit, der zwischendurch »Hallo!« ruft und mich ablenken will. Er ruft wie meine Enkeltochter: »Nicht maachen!«

Der Hilferuf einer Dreijährigen, der mich immer noch zu Tränen rührt. Seitdem wende ich dieses »Nicht maachen!« an, wenn ich mich hilflos einer unumstößlichen Logik gegenübersehe.

Manchmal sieht man in den Augen eines Menschen, der gerade ja sagt, ein Nein. Und bevor er gegen seinen Willen ja sagt, lasse ich ganz schnell ein »Nicht maachen!« dazwischenrutschen. Hilft manchmal. Nur dort nicht, wo Institutionen, Kommunen, demokratische Gebilde, Parlamente, Regierungen oder seine Majestät der Staat sprechen, verlautbaren, erlassen oder verfügen. Es hilft allerdings nicht, wenn dieser Staat nach mehrmaligem Durchrechnen der von ihm verursachten Kosten feststellt, daß er zu teuer ist, und den Bürger dazu verurteilen will, das Defizit auszugleichen, ihm dieses »Nicht maachen!« entgegenzuschleudern.

Und da haben wir diese unumstößliche Logik, die dazu führen kann, daß die Bürger vor Wut ihre Wahlzettel zerbeißen: Die Staatsvertreter sagen, der Staat bestehe laut Grundgesetz aus Bürgern, die der Staat persönlich seien, weshalb man sie zur Kasse bitten müsse.

Dafür müßte man die jeweils Regierenden augenblicklich von ihren Stühlen verjagen, samt ihrem ruhmbekleckerten Kanzler, der dazu nur noch dieses nervende Ich-bin-der-Größte-Lächeln absondert. Ein Mann, um den man nur in zwei Tagesmärschen herumkommt und der uns mahnend zuruft, wir müßten abspecken, unser Anspruchdenken enger schnallen, wir seien Freizeitparkwächter. Mit welcher Unverschämtheit darf ein von uns geduldeter Bundeskanzler die Menschen beschimpfen, die ihm sein gutes Auskommen ermöglichen?

Keine Zeitung in dieser Republik hat bisher herausgefunden, woher dieser Mensch kommt. Niemand hat offenbar Bernt Engelmann gelesen, der ihn zu dem berüchtigten politischen Salon des »Pegulan-Ries« zählt, der solch gewaltige Talente aufgezogen hat und sie in die Kampfbahn schickte. Mit Hilfe des Düsenjets von Herrn Medien-Kirch und einem Beraterstab, der irgendwann später die glorreiche Idee hatte, Peter Boenisch als Bundespresseamts-Philosoph einzukaufen, um anzudeuten, in welch geistige Wendequalität uns dieser gewaltige Staatsbauch geschubst hat, wurde dieser Vize-Adenauer, Unter-Strauß und Nach-Schmidt in die geschichtliche Umlaufbahn gesponsert.

Inzwischen hat unsere seriöse Journalistenburschenschaft den Frieden mit ihm gemacht. Er hat eine neue Journalistenkultur ins Leben gerufen. Es gibt keine Kanzlerinterviews mehr für Journalisten, die dem Oggersheimer Sultan unangenehm aufgefallen sind durch freche Zwischenblicke. Der schreibt dann den Herausgebern dieser Zeitungen. Herausgeber sind Menschen, die gewöhnlich keiner kennt, die die Zeitungen eigentlich gar nicht herausgeben wollen, bevor sie nicht wissen, was sie damit *einnehmen* können.

Und wenn sie die Zeitung so eingerichtet haben, daß sie sich an der Volksmeinung richtig ausgerichtet hat, macht das Gewinn, und den nehmen sie sich heraus.

In Wirklichkeit sind sie Herausnehmer und nicht

Herausgeber. Von dem Temperament des Meinungsverbreiters abgesehen entspringt die Heraus*gabe* einer Zeitung immer mehr dem Kalkül einer *-nahme*.

Die Freundlichkeiten zwischen den Regierenden und den Kommentierenden nehmen zu. Zwischen den Zeilen der Kommentare läuft das Öl. Es seimt und schleimt. Es gibt sich und nimmt sich. Ich gebe dir mein Vertrauen, du nimmst mir meine Würde als Kritiker, du gibst mir keine Chance, ich gebe mir die Kugel.

Sich die Kugel geben. Mein Gott, wie lange ist es her, daß ich Romane las, Filme sah, in denen Menschen, meistens Männer, schwere Ehrverletzungen erlitten oder sich eines Vergehens schuldig gemacht hatten, Männer, die dann steinernen Antlitzes aus dem Familienzimmer schritten, woraufhin dann der erwartete Schuß fiel. Diese tragischen Ausgänge deutscher Problemfilme, in denen große deutsche Schauspieler reihenweise und mehrfach für die UFA gestorben wurden, haben mein junges Leben überschattet. Als ich meinem Bruder einmal 2,60 Mark aus der Versteckstelle gestohlen hatte – ich war zehn Jahre alt –, sah ich mein Leben ähnlich enden. Ich hätte gern noch einen weiteren dramatischen Effekt daraufgedeckt, nämlich die ruchbar gewordene Befehlsverweigerung an irgendeiner Front, die mir den Ruhm eingebracht hätte, als Regimentskommandeur 1200 Soldaten das Leben gerettet zu haben, dann aber mit der stolzgeschwellten Brust des Gesinnungstäters die Pistole zu sehen, die mir meine vorgesetzten Generalmajore auf den Tisch meiner kargen Zelle gelegt haben, also ein deutlicher Hinweis darauf, daß die Kameraden die Ehrenhaftigkeit durchaus, die truppen- und vaterlands-

verräterische Ehrlosigkeit keinesfalls durchgehenlassen
würden.

Und dann dieser Schuß.

Das Problem ist gelöst, es wird versargt, versorgt, begraben, und dann wird dieser Scheißfilm nach 60 Jahren
in einer völlig neuen Denkwelt von irgendeinem Idio-
ten, der jetzt gerade 39 Jahre alt ist, wieder ans Tageslicht
gezerrt.

Aber dieses Mal kommt dieser Film nicht als Ergebnis
einer weltanschaulichen Verwirrung, sondern als Bilanz
einer Analyse, die nachweisen will, daß der Denkmüll
der 30er und 40er Jahre durchaus zu verramschen ist,
wenn man ihn geschickt im Programm plaziert.

Leider hatte ich immer recht mit meinen Voraussagen.

Der Tag ist nicht weit, an dem *Hitlerjunge Quex* unter
dem Aspekt, daß Heinrich George darin grandios gespielt hat, sich in TV-Programme schmuggelt. Der Herr
Kirch wird doch nicht vergessen haben, den Streifen
einzukaufen?

Laßt ihn laufen, diesen Film. Und dann laßt uns reden.

So weit müßten wir jetzt sein. Aber dann lest vorher
Hitlers Buch, lest den Alfred Rosenberg, lest Feuchtwanger, lest Buber, Remarque, Kogon, Weiss, lest immer
wieder Klemperer, Klemperer, Klemperer! Lest Klemperer!

Lest meinetwegen auch Goldhagen, aber zuerst Klemperer. Lest die Tagebuchaufzeichnungen eines deutschen
Romanisten an einer deutschen Universität mit einer
deutschen Verwundung an einem seiner deutschen Kör-
perteile und was eine deutsche Mitbürgergesellschaft getan hat, um die Tatsache, daß er jüdischen Glaubens war,

für so normal zu halten wie eine evangelische Kirche in Oberbayern, und dann versucht alle stolz darauf zu sein, Deutsche zu sein.

Wenn wir gerecht sind mit uns, wird es uns nicht gelingen. Was können wir tun?

Nichts, außer der Verpflichtung, es den Kindern und Enkelkindern zu sagen, daß sie es einfach aushalten müssen. Es tut uns unseretwegen leid für sie.

# DEN KENN ICH. WER WAR DAS?

Tröstlich ist die Erkenntnis, daß das Vergessen von Namen schon sehr früh angefangen hat. Als ich, ohne zu zögern, beim Schütteln der Hände eines politischen Vertrauensträgers den Satz hinausbeförderte: »Wer ich bin, weiß ich, sagen Sie mir, wer Sie sind«, hatte ich wirklich nicht gewußt, wem ich gegenüberstehe. Das Schlimme ist, ich weiß es heute wieder nicht. Freunde behaupten, es sei der Erich Mende gewesen, aber das hilft dem Leser auch nicht weiter, weil er den möglicherweise gar nicht in sein Gedächtnis aufgenommen hat.

Es hat damals viele Mendes gegeben. Offiziere, die ihre Mannschaften aus dem Kriege zu Wählern erwählt hatten, die darauf vertrauten, daß der Autoritätsvorsprung eine Weile hält und dieses »Jawoll, Herr Major!« noch zu einem Kreuz auf der Wahlliste reicht, und die den Demokratieversuch nach 1945 gar nicht ernst genommen hatten, weil sie ganz sicher waren, daß die Unterwerfungslust des deutschen Zivilisten stärker sein würde als die Bereitschaft, den alten Autoritäten den Glamour der Heldenzeit wegzunehmen. Wie es scheint, haben die Mendes recht behalten.

Die Geschichte ist voller Geschichten, in denen treue

Offiziersburschen, also den Offizieren beigestellte Stiefelputzbutler, ihre Herren in Friedenszeiten wiederfinden, dicke Tränen auf die Teppiche fallen lassen und sofort in die Partei eintreten, die ihre Herrchen anführen.

Die Geschichte der Parteien in Deutschland ist voll von Offizieren mit ihren Burschen, die Abgeordnete wurden und Gleichgesinnten ihre Wahlkreise vererbt haben.

Zwar schlagen die Enkel die Hacken nicht mehr zusammen, senken nicht den Kopf und schnarren: »Zu Befehl!«, aber sie ersetzen das Hackenzusammenschlagen durch ein Interview in einer relevanten Hofzeitung, in der sie sich zu Füßen des Herrschers legen oder zu Füßen eines Journalisten, der dort seine täglichen Kniebeugen verrichtet.

Die großen Schleimheiligen des abnickenden Ruhmverbreitungsapparates geben den kritischen Köpfen die Noten für ihr Denken. Man läßt sie zunächst ein paar freche Interviews machen mit Bürgermeistern, Stadträten oder anderen hochwichtigen Personen, erteilt ihnen sogar das Kommando: »Feder frei!«, weiß aber, daß sie auf einem Esel sitzend gegen einen Panzer anrennen werden.

Der Panzer runzelt ein wenig die Augenbrauen, ruft mal kurz durch und fragt im Rathaus, also im Panzerschuppen, ob jemand die Initialen des Verfassers entschlüsseln könne, der da heute im Lokalteil der IZ, AZ, MOZ, MOB oder der ganz allgemein Täglichen den OB angemacht hat. Natürlich stimmt alles nicht, was dieser Schreiberling oder die Schreiberline da in ihre Zeitung geschmutzt hat, aber die Frage ist: »Wer hat ihm/ihr die

Fakten geliefert? Die stimmen nämlich!« Es kommt natürlich nie heraus.

Was dabei herauskommt, ist ein Rathausverbot für die Urheber der kleinen Aufregung. Wer nicht kapiert, das zu schreiben, was er soll, soll sehen, wo er bleibt.

In dieser ersten Lernphase des jungen, freien Journalisten gibt es bereits die erste schmerzliche Gewißheit: Wenn du bereit bist, täglich eine Niederlage mindestens zu vergessen, kannst du langsam den Weg nach oben antreten. Bis du dir wieder eine Frechheit erlauben darfst, kann es 20 Jahre dauern. Dann hast du vielleicht einen Namen, aber es kann durchaus sein, daß es einer ist, den du dir nicht erträumt hast.

Man sagt vielleicht: »Vorsicht, ein harter Hund!« oder: »Nimm dir Ohrenschützer mit, falls er dich anschauen sollte beim Interview.«

Sollte aber der junge, freie Journalist den Weg nach unten antreten wollen, hat er die Chance, mit der Mehrheit derer, die keine haben, gemeinsam zu leiden. Das ist eine höchst gefährliche Mehrheit, in der alles durcheinandergebracht wird, nämlich persönliche Niederlagen, Animositäten, Liebesverluste, also lauter Einwirkungen von außen, die das ruhige Einschalten des blutdruckabhängigen Hirns verunsichern. Das heißt, daß der erlebnisbereite Jungjournalist auf die besorgte Frage eines Älteren, ob er Probleme mit dem Alkohol habe, antworten wird: »Ich? überhaupt keine. Ich mag ihn.«

Möglicherweise wird er dann der einzige Freund sein, den sie/er hat, und irgendwann gibt er sich den finalen Schluck.

Augstein hat anläßlich eines Jubiläums seiner Meinungsverbreitungsanstalt höchst unvermutet einer Kollegin mitgeteilt, Konrad Adenauer sei der von ihm Höchstverehrte gewesen. In vielen, langen Nächten muß er ihn sich schöngetrunken haben. Dieser Adenauer, der dem »Spiechel« landesverräterische Absichten unterstellt hatte, der Augstein mit Hilfe seines alleruntertänigsten Vorzugsbayern Strauß in den Knast gebracht hat, der sogar einen »Abgrund von Landesverrat« in den Redaktionsräumen des »Spiechel« witterte, der war das große Vorbild des Augstein? Demnächst wird er Rudi Dutschke als stasigelenkte Protestantenbombe verkaufen.

Wer versucht, zu erklären, daß die Vereinigung auf eine Blitzidee des amtierenden Bundeskanzlers zurückzuführen sei, segelt sicher im Wind des Kanzleramts. Wer vermutet, daß es sich um eine Fehlschaltung der DDR-Politbüromitglieder handelte, hat falsche Karten. Wer aber glaubt, daß Adenauer dem Augstein sämtliche Illusionen geraubt hat, hat keine Ahnung, wieviel Hälse der Augstein hat, die sich wenden können.

Käme man aber zu einem Gespräch, dann dieser wissende Blick: »Du hast, Blödmann, keine Ahnung, was passiert ist.«

Um das zu erfahren, hat der Mann eine Zeitung!

Die soll mich klüger machen, denn wofür sonst habe ich eine Zeitung, die keinen Nachrichtenticker im Klo zu stehen hat, aus dem man die Nachrichten heraussucht, die dem eigenen Image nicht schaden können.

Wer einer solchen Zeitung leitend zugeordnet wird, muß zunächst einmal herausfinden, wer etwas weiß. Ganz gleich, was er weiß, er weiß zuviel.

An diesem Punkt des Nachdenkens angekommen, beschäftigt mich die Frage: Was, zum Donnerwetter, gibt es denn da noch zu wissen? Ab jetzt kann jeder Interessierte alles wissen, was vor Jahren noch das Privileg der Journalisten ausgemacht hat. Unter Ausnutzung aller Nachrichtenquellen kann man alles Wissenswerte in seinem Gehirn einordnen, wenn man will.

Schon taucht die Frage auf: Was ist des Wissens wert?

Thomas Hobbes: »Alles Wissen ist Erinnerung.«

Und schon blättern wir alle brav nach, wer oder warum und wann Thomas Hobbes war. Lebte 1588 bis 1679.

In deutschen Hörsälen deutscher Universitäten wird dieser Satz immer wieder zum Thema erhoben, heftig diskutiert und kleinlaut wieder zu den Akten gelegt. Wir Deutsche erinnern uns an nichts, also wissen wir nichts.

Wenn wir nichts wissen, weil wir uns an nichts erinnern, haben wir auch nichts getan, was uns zum Schaden gereichen könnte. Selbst wenn wir dies oder jenes getan hätten, würde sich doch dieser oder jener daran erinnern!

Wer es tut, gehört nicht zu den Klügsten.

Wir sind ein kluges Volk, wir wissen nichts.

Diese amnesieartige Haltung einer Selbstausschaltung hat die einmarschierten Siegerstämme verblüfft. Wir waren mit der Vergangenheit schon fertig, als sie die Gegenwart noch nicht ordnen konnten.

Unsere Vergangenheit ist schneller als ihre gewesen.

Wir waren bereits ausgeruhter im Hirn als sie, die sie uns erst mal besiegen mußten. Und wir haben uns schon im Hinblick auf unsere Zukunft überrollen lassen. Als die Besieger uns fragten, was wir in den vorangegangenen Jahren alles getan hätten, waren wir schon so weit, nichts mehr davon zu wissen.

Darauf waren sie nicht gefaßt. Sie waren der Meinung, sie hätten uns auf frischer Tat ertappt. Wir waren nicht mehr frisch, wir taten nichts mehr, und ertappt wurden wir nur bei unserer gemeinsamen Hilflosigkeit. Wir waren jämmerlich schlapp, hungrig, unschuldig, fühlten uns befreit, hielten den gutgenährten, riesigen Negern unsere abgehärmten Kleinkinder entgegen, woraufhin sie ihre ausgehungerten Genitalien in unsere männerlose Frauenschaft bohrten, was Verstrickungen ergab, denn beide Teile wurden der Übertretung des Fraternisationsverbots schuldig, NS-Papas hielten ihre schützenden Hände über ihre vögelnden Töchter, die dann schwarze Kinder zur Welt brachten, was den Vätern Pluspunkte bei der Entnazifizierung einbrachte.

Ganz ähnlich muß es gewesen sein, als die germanischen Langobarden in der Lombardei einbrachen oder SS-Totenköpfler in Griechenland. Der Krieg brachte die Multikultur in die reinrassige Provinz. Als er vorbei war, mußte eine neue Generation neue Erfahrungen machen mit Freiheit, Demokratie, Geschlechtskrankheiten und Trümmerdenken.

Große Konflikte waren nicht zu erwarten. Die Mörder des Dritten Reiches hatten so viele Zeugen unter die Erde gequält, daß mit einem Aufstand gegen die Begnadigung der Mörder nicht mehr zu rechnen war. Die amerikanischen Militärs zeigten offene Sympathie für die tapfere Waffen-SS.

Wer mir das nicht glauben möchte, muß mir aus meinem Leben die zwei Jahre ausreden, die ich als Kistenschlepper im PX des Truppenübungsplatzes Grafenwöhr zugebracht habe.

Es gab dort eine einzige Bar, in die wir Germans hinein durften. Wie sie hieß, weiß ich nicht mehr, aber soviel weiß ich, daß es der Treffpunkt der damaligen Underdogs war, der Schwulen, Deutschen, Juden, Schwarzen und heimatlosen amerikanischen Soldaten. Es spielte eine deutsche Band. Eine hervorragende. Trotzdem war es keine schöne Zeit, weil man vom dümmsten Soldaten für noch dümmer gehalten werden durfte, und weil der einem für eine halb angerauchte Zigarette die Braut abverlangte.

Soldaten verfolge ich seit vielen Jahren mit einem begründeten Mißtrauen. Wer nicht alles versucht, dem Soldatwerden zu entgehen, muß zu Hause Feinde haben.

Meinen Entschluß, zwei Jahre lang bei der Army als Kistenschlepper zu arbeiten, habe ich trotzdem nicht bereut.

Meinem Knochengerüst ist diese Arbeit sicherlich nicht gut bekommen, meinem Selbstbewußtsein hat sie aber nicht geschadet. Zumal ich zum Erfinder einer neuen Schleppart wurde. Man stellt sich etwas vorgebeugt vor den Kollegen und läßt sich drei oder vier Kisten Aftershave, Lobster oder Peanuts in die nach hinten ausgestreckten Hände legen und trägt sie dann zwei oder drei Treppen hoch in den Shop.

Daß ich für diese Idee nie einen Preis bekommen habe, schmerzt mich noch immer. Im Gegenteil, ich bekam einen Tritt. Als wir vier Kellerasseln einmal die ganze Nacht hindurch einen Zehntonner ausgeladen hatten, durch eine kleine Pause aber über die Öffnungs-

zeit des Geschäfts gerutscht waren, erregte das den PX-
Manager Williams heftig.

Williams war das Musterbild eines Karriereamerika-
ners. Er war ein krummbeiniger, ein zu kleiner und deswegen vermutlich permanent aufgeregter Antreiber.
Sein Hemd war täglich weiß, seine Sprache immer un-
gepflegt, und sein unflätiges Auge ruhte auf uns be-
kloppten Germans. Amerika hatte sich mit seinem größten Arsch auf unseren Gesichtern niedergelassen.

So um neun Uhr morgens herum lud ich meine vier
Kisten auf dem Verkaufstisch ab, als mich Williams rech-
tes Bein in die linke Kniekehle traf. Dazu der schrille
Ausruf: »Fucking Germans!«

Und da muß meine Erschöpfung mit mir durchge-
gangen sein.

In der Erinnerung scheint es mir so gewesen zu sein,
als hätte ich zu einem einfachen Rittberger angesetzt,
meine arbeitenden Mitmenschen hingegen meinten, ich
hätte mich auf dem Absatz wildwütig gedreht und meine
Faust hätte Glück gehabt, das Objekt zu treffen. Es war
das Pech von Mr. Williams, sich gerade dort aufgehalten
zu haben, wo meine Faust hintraf. Es war sein linkes
Auge. Man hat mich dann von ihm weggerissen. Oder
hat man ihn von mir getrennt?

Aber! Bei allen Zweifeln, die beide Seiten bei der
Nacherzählung des Vorgangs befallen haben: Den Namen Williams werde ich nie vergessen.

Zehn Minuten später war der Tatort von Militärpoli-
zisten umstellt. Sie holten mich ab. (Ohne Handschellen!)

Als ich da so saß als Täter, umstellt von martialisch aus-
sehenden Weißhelmen, hakte ich so nach und nach

sämtliche Zukunft ab. Abgeholt, abgeurteilt und mit der Vita eines Menschen behaftet, der einen weißhemdigen Amerikaner geschlagen hat. Nebenbei gesagt: Es wird keinen Menschen auf dieser Welt geben, der behaupten könnte, ich hätte ihn geschlagen. Im Tennis nicht, im Schach nicht, nein, ich bin defensiv durch das Leben der anderen Menschen gegangen.

Nur dieses blauschimmernde Auge des Mr. Williams belastet mein Gewissen. Vor allem, weil er so fassungslos war, als er nicht meinen Spott, sondern meinen Zeigefingerknochen erdulden mußte. Natürlich wurde nach dem Vorfall ich entlassen und nicht er.

Bei der Military Police in Grafenwöhr hatte ich schon ein paar Minuspunkte auf dem Konto. Ein Jahr zuvor war ich unangenehm aufgefallen, weil ich meinen guten Freund und Arbeitskollegen Georg, er kam aus der Ukraine, aus dem streng bewachten Militärstützpunkt Grafenwöhr herausgefahren hatte. Dschorrdsch, wie wir ihn nannten, war nicht zur Arbeit gekommen. Weil das nicht seine Art war, sahen wir nach ihm. In unserem Gemeinschaftswohnraum lag er auf seiner Pritsche und sah sehr, sehr krank aus.

Dschorrdsch hatte die Gewohnheit, jegliche Art von Alkohol aufzukaufen, ganz egal aus welcher Quelle. Die letzte Quelle war tödlich.

Als ich ihn im Kreiskrankenhaus Eschenbach (Oberpfalz) der Fürsorge der Ärzte übergeben wollte, sagte einer von ihnen sehr kühl: »Was wollen Sie denn mit dem Mann hier? Töter kann keiner sein.«

Dann fuhren wir mit Dschorrdsch ins Leichenschauhaus.

Am Abend, als ich mein Bett in unserer Gemein-
schaftsbaracke aufsuchen wollte, standen zwei sehr
mächtige Weißhelm-Amis vor der Tür und hatten mich
Knickknack im Überwältigungsgriff. Scheinwerfer –
Verhör – knallharte Fragen, warum ich Dschorrdsch
umgebracht hätte, in wessen Auftrag, und in welchem
Verhältnis ich zur Sowjetunion stünde.

Vermutlich habe ich so einen knabenhaft verblüfften
Eindruck gemacht, daß sie mich nach drei Stunden wieder entließen.

Der Spaß an dem Spiel mit den Inhabern der Macht
war mir abrupt abhanden gekommen.

Der Respekt vor ihnen auch.

Dschorrdsch war ein kleiner russischer Wehrdienst-
verweigerer, der kein Gewehr auf irgend jemanden richten wollte und dann später an der Lebensfreude gestorben ist. Ich habe ihn sehr gern gehabt. Wenn er sich
freute, hätten seine Augen Christbäume entzünden können.

Der Georg Wallis, hoffentlich habe ich mir den Namen richtig gemerkt, hat mir nach meinem Befreiungs-
schlag gegen das Auge des Herrn Williams gesagt: »Weißt
du, man muß aus deiner Nähe, denn du hast Magnet, was
zieht Scheiße an.«

Wallis war aus Oberschlesien. Ich hoffe, er ist das geworden, was er immer werden wollte: Schlagzeuger.
Wollte ich auch. Wallis war besser. Schade, daß man solche wirklichen Kumpels verliert.

Wir haben mühelos Solidarität gepflegt, ohne darüber
zu reden. Und wir haben gemeinsam ein paar Dinger
gedreht, die damals höchst strafbar gewesen sind.

Man konnte im Jahr 1947 als Deutscher schon wieder Dollars kaufen. Es hatte kaum einen Sinn, weil sie im deutschen Wirtschaftsbetrieb so teuer blieben, wie sie eingekauft wurden. Hatte man allerdings unseren Vorteil, im PX die Zigaretten zum normalen Preis einzukaufen, war man der Kaiser in der Szene. Genau das aber war Deutschen strengstens verboten.

Die bezaubernden Frolleins, die an den Ladentischen des PX standen, ihre Freunde zumeist in der deutschen Arbeitnehmerschaft des Lagers hatten, den Beischlafwünschen der GIs verständnisvoll, aber ablehnend gegenüberstanden, waren auf unserer Seite. Wir machten ein Geschäft auf nationaler Ebene.

Die Dollars, die wir bezahlten, waren echt, die Zigaretten, die wir dafür bekamen, waren echt, niemand hat irgendwem irgend etwas gestohlen, und doch war das alles streng verboten.

Zwei Jahre lang fuhr ich am Wochenende mit einer bayerischen Bimmelbahn von Grafenwöhr nach Windischeschenbach nach Hause, und immer war Konterbande in meinem Koffer. Immer Angst. Als ich eines kalten Abends von zwei Polizisten mit vier Kartons Camel erwischt wurde, teilten wir uns das Ergebnis unserer Ermittlungen.

## WO BLEIBE ICH ZULETZT?

Bayern ist ein Land, in dem man seinen abgelegten Körper lassen kann. Die Menschen in diesem Lande haben Respekt vor den Gestorbenen. Manche haben sogar Angst vor der Wiederkehr der Versargten. Sie legen schwere Grabplatten auf die Versenkungslöcher. Sie werfen Kränze, Blumengebinde ins Grab, schaufeln Erde nach und sind dann im nahen Restaurant sehr fröhlich, daß es so gut ausgegangen ist.

Die Selbstsicherheit der Bayern beruht nicht auf der Gewißheit ihrer überlegenen Intelligenz, sondern auf der als sicher angenommenen Unterlegenheit der anderen.

Ein studierter Bayer, der den Nobelpreis *nicht* bekommen hat, ist ein weiterer Beweis dafür, daß dieses Land vervolkstümelt, verharmlosifiziert, auf jeden Fall aber unterschätzt dargestellt wird.

Der Bayer ist in der Lage, sich selbst so eine reinzuhauen, daß er nimmer aufsteht. Der Bayer ist ein Kunstwerk. Auch im Liegen.

Es gibt nur zwei Volksstämme, die noch stärker sind: die Niederschlesier und die Oberschlesier.

Pause. Nachdenken.

Unsere schlesischen Vorstellungen von Ortskultur,

Verbreitung von schlesischer Weltkultur, immer mit dem Zusatz, wir seien eigentlich dem Schoß der Maria Theresia entsprungen, und dies mit der Mitteilung vermischt, wir seien Gerhard Hauptmanns eigene Kinder, hat uns in Bayern zu einer Duldung verholfen.

Es war imponierend, wie diese bayerische Bevölkerung uns aufgenommen hat, obwohl der Bombenkrieg in München und Nürnberg sehr, sehr viele Häuser in Schutt und Asche gelegt hatte.

Sie sind ganz schön zusammengekrochen mit uns.

Vierzig Jahre zuvor hat Feuchtwanger den Vorgang des Liebemachens »vermischen« genannt.

Richtig, wir haben uns vermischt.

Und doch müssen wir Schlesier erkennen, daß die Verursacher der bayerischen Politik ihr Engagement mehr in die Richtung der Sudetendeutschen lenken. Was haben diese Leute, was wir Schlesier nicht haben?

Meine Beziehungen zu ihnen müßten eigentlich gut sein, denn meine geliebte Oma Franziska war Tschechin und hat mir immer wieder zugeflüstert, sie hätte ein tiefes Verständnis für jene, die den Heydrich umgebracht haben.

In meiner Sippe schlummerte der Widerstand. Bezieht sich aber nur auf meine Oma. Ihr Gott habe sie selig.

Meine Oma Franziska ist in Bunzlau/Niederschlesien verhungert. Es gibt kein Grab, das man aufsuchen könnte, es gibt keine offizielle Eintragung, wann sie, warum sie und woran sie gestorben ist. Eine Frau, die 1935 vor den entsetzten Ohren meines Vaters Hitler einen Verbrecher genannt hatte, starb an der Unkenntnis derer, die sie befreit haben.

Schön, daß es mir gestattet war, vor den Augen einer ZDF-Kamera genau dieses auszusagen. Stanislav Skeminski aus Warschau hatte mir und meiner Renate die Gelegenheit gegeben, meine Geburtsstadt zu besuchen.

Renate legte mir, schon Kilometer bevor wir die Stadt erreichten, ihre Hand auf meinen Nacken. Sie wußte, was mir diese kleine Stadt bedeutete. 1944 hatte ich Bunzlau zum letzten Male gesehen. 48 Jahre später kam ich zurück.

Die ersten fünfzehn Jahre meines Lebens hatte ich in Bunzlau verbracht. Aufregende Jahre. Den ersten Kuß, den ich einem Mädchen »abgetrotzt« habe, werde ich nie vergessen. Sie hieß Gertrud. Sie war schön, und ich war sterbensbereit glücklich.

Wir waren beide 14 Jahre alt. Sie war blond, blauäugig und konnte lachen wie die Lilo Pulver, ich war schwarzhaarig und sehr braunhäutig. Wenn ich ihr begegnete, wurde ich rot. Gertrud leistete ihr Haushaltspflichtjahr bei einer Familie ab, die im ersten Stock des Hauses meiner Oma zur Miete wohnte.

In den ersten Tagen traute ich mich nicht, Gertrud anzusprechen. Aber immer, wenn ich sie oben die Treppe betreten hörte, schoß ich unten aus dem Zimmer, um ihr »zufällig« zu begegnen.

Meine Oma fand das merkwürdig. Auch daß ich so abwesend war, und daß sie Fragen sehr oft wiederholen mußte, machte sie langsam unruhig. Sie führte das auf eine falsche Ernährung zurück und zwang mir löffelweise Lebertran auf.

Eines Tages sprach ich Gertrud an. Wie es ihr ginge,

fragte ich mit nassen Händen. Es ginge ihr gut, meinte sie.

Am nächsten Tag verbarg ich mich im Gebüsch, um ihr zufällig zu begegnen, als sie den Müll raustrug. Ich erfuhr dann ihren Namen, wo sie herkommt, wo sie hin muß. »Ach, da müßte ich heute abend auch hin!« meinte ich. Es waren 3,5 Kilometer. Ich führte das Fahrrad mit mir.

Drei Wochen lang begleitete ich sie nach Hause. Langsam befiel mich der unbändige Wunsch, mich bei ihr einzuhenkeln. Es war damals das Zeichen für die Freunde: Ich gehe mit ihr!

Dann fragte mich ein Freund, der schon viel älter war, nämlich 15, ob ich sie schon geküßt hätte. Ich hatte noch nicht einmal angefangen zu henkeln!

Das geschah eines Abends. Ich henkelte! Dabei hätte ich beinahe das Fahrrad mit der Linken umgeworfen.

Drei Wochen Henkelphase. Und immer am nächsten Morgen diese verdammte Frage: »Na, hast du?« Und ich schon langsam böse: »Nein.«

Und er: »Soll *ich* mal?« Es folgte eine Pause in unseren freundschaftlichen Beziehungen.

Meine Eltern waren auch schon mißtrauisch geworden, weil ich völlig somnambul über den Hof schlich. Ich konnte an nichts anderes mehr denken. Ich *muß* sie küssen!

Alle anderen hatten schon, bis auf ein paar Nulpen, die es nie schaffen würden. Ich entwickelte Kußvorbereitungsstrategien. Es war schwierig, denn ich hatte immer dieses blöde Fahrrad in der linken Hand.

Im Kino hatte ich gesehen, daß man sich umarmt,

wenn man sich küßt. Aber würde ich das Fahrrad weg-
stellen, sähe das so aus, als ob ich etwas vorhätte, und
Gertrud würde mißtrauisch werden.

Es war mir klar: Es mußte ein Überraschungsangriff
werden.

Und so geschah es. An einem wunderschönen Mai-
abend standen wir eine Stunde lang vor dem Haus ihrer
Eltern, der Flieder duftete, und ich wußte: Der Moment
der Entscheidung war gekommen!

Mai – Flieder – Küsse – es mußte sein.

Plötzlich, mitten in einem Satz, warf ich das Fahrrad
hin und ruckte mit meinem Mund nach vorne, aber sie
war erschrocken und schaute in diesem Moment nach
links unten auf das Fahrrad.

Ich traf sie mit meinen Lippen schräg oben rechts in
Ohrnähe. Dann drehte ich mich abrupt um, hob das
Fahrrad auf und verschwand ohne eine Wort in der
Dunkelheit.

Aber ich hatte mich dem Problem wenigstens ge-
nähert.

Es folgte eine unglaublich verliebte Zeit.

Dann setzte der böse Alltag ein.

Ich hatte ein Furunkel am Hals, in Mathematik eine
gefährliche Fünf und im Zeugnis die Bemerkung: »Ver-
setzung gefährdet.«

Mein Vater war ziemlich sicher, daß ich blöd bin.

Heimat.

Außer Gertrud liebte ich Erika besonders heftig.
Erika wurde nachts um drei Uhr geboren von Lotte.
Lotte war ein Pferd. Sie war kitzlig und ließ Erika nicht
an ihre Zitzen.

Mein Vater kam auf die Idee, Kuhmilch einzusetzen und gab mir den Auftrag, alle zwei Stunden mit einer Zweiliterflasche, darauf einen Nuckel, Erika zu säugen.

Ich war Erikas Mama.

Glück!

Hätte meine Mutter es zugelassen, wäre Erika abends mit mir ins Bett gegangen.

Da lag aber meistens eine tiefschwarze Katze namens Alabaster. Unter meiner linken Schulter.

Ich hatte auch einen Ochsen zum Freund. Er hieß Pumms und war mir von meinem Vater als Pferd vorgegaukelt worden. Damit wollte er mich geneigter machen, aufs Land umzuziehen. Pumms war gutmütig und trat mir einmal voll auf den nackten Fuß. Vermutlich deswegen bin ich nicht Fußballnationalspieler geworden.

Pumms, Alabaster und Erika haben mein späteres Leben vorbereitet. Andere können Proust und Kafka vorweisen.

Schlesier sind Sonderfälle.

Wir wohnten, nach Meinung der Rheinländer, der Mittel- und Westdeutschen und natürlich der absoluten Übersupertrouper-Berliner, am äußersten Rand der Kulturgrenze. Bei uns um die Ecke winkt Sibirien. In Oberschlesien ist das kaukasische Reiterklo erfunden worden.

Es steht in Gleiwitz. Jeder sollte es besuchen. Gehört zu den großen Kunstwerken und stammt aus den Zeiten der heroischen mongolischen Reiterei. Es besteht aus zwei Stöcken, einem langen und einem kurzen.

In der letzten großen Schlacht, 1241, als die Polen die

Mongolen daran hinderten, die europäischen Monopolen zu holen, oder so ähnlich, was weiß ich ... in diesem Dings ...

Da bin ich jetzt gar nicht beunruhigt, daß ich das nicht mehr weiß!

Jedenfalls wären wir dann alle heute nicht mehr blond oder so was, wenn nicht bei Liegnitz ... der Dings ... LIEGNITZ!

Irgendein Heinrich Liegnitz war es. Er hat den Mongolen beigebracht, es wäre besser, sie gingen wieder dorthin, wo alle Menschen aussehen wie sie.

Ich weiß, das ist Rassismus, aber ich brauche das auch. Ich finde es romantisch, wenn Menschen ohne Wasserspülung auskommen, aber ich komme notfalls auch ohne Romantik aus. Ohne Wasserspülung fühle ich mich steppisiert.

Richtig, das kaukasische Reiterklo. Ein langer Stock, ein kurzer. Den kurzen rammt man in den gefrorenen Boden und hängt die Jacke drauf. Mit dem langen vertreibt man die Wölfe.

Was erinnert mich dem? Schlesien.

Wir hatten Sprache, was geht an Grenze.

Was er in Gleiwitz deutsch konnte, war immer soviel wert wie das, was er polnisch wußte. Daher das Wort wasserpolnisch. Übler Kalauer. Oberschlesisch gesehen.

Es handelt sich hier um eine reine niederschlesische Oberschlesien-Polemik. Damit bin ich aufgewachsen.

Wodgurka dreht sich im Grabe herum. Hupka fällt mir ein. Hupka ist ein fester Begriff in meinem Leben. Er muß einmal ein guter Sozialdemokrat gewesen sein. Dann wurde er ein schlesischer Profi, und von da an klangen seine Einlassungen absurd. Als Überläufer scheint er in der Union kein rechtes Glück gehabt zu haben.

Warum fallen mir andere Namen nicht ein? Warum Hupka? Weil er ein trauriges Beispiel dafür ist, wie ein anständiger Mensch in der Politik zerkocht werden kann.

Niederschlesisch gesehen.

Weder die Christ- noch die Sozialdemokraten wollten, daß die rausgeworfenen Schlesier in der deutsch-polnischen Verständigungsannäherung Schwierigkeiten machen würden. Alle wußten, daß wir eines Tages die Polen nicht besetzen, aber aufkaufen würden.

Hupkas Hardliner aber kündigten forsch an, die Wiedereroberung von Breslau durch die Leopardbrigade Ratibor stünde bereits vor der Tür. Das war aber genau die Tür, vor der immer der Russe stand.

Mein Vater nannte Hupka einen Vorzugsschlesier.

Trotzdem möchte ich meinem Vater, wenn ich zu ihm stoßen sollte … Auch eine Frage: Sollte ich das tun, ist er dann jünger als ich? Muß man sich nach dem Tode abaltern? Bin ich dann für eine Weile sein Vater und werde später wieder sein Sohn?

Wie jung ist eigentlich Gott?

Der RTL-Oberboß Thoma müßte dafür eine Antwort haben. Ich glaube, er hat öfter mal mit ihm das Abendmahl zu sich genommen.

Soll schlecht über seinen Sohn gesprochen haben. Er, der Alte. Er meinte, daß er, der ja Jupiter, Zeus und Allah gemeinsam ist, also Gott, daß er von Anfang an zu einer Abtreibung geraten habe, weil ein auf die Welt gesetzter

Moralist, der zur Nächstenliebe auffordert, automatisch zum Feind des Frühkapitalismus werden *muß*! Das kann nur mit Kreuzigung enden.

Frage eines Journalisten: »Herr von Nazareth, was glaubten Sie verändern zu können, als Sie die Geldwechsler aus dem Tempel jagten?«

Jesus (unschuldig): »Den Tempel.«

Der Vater kurz darauf: »Hören Sie nicht auf meinen Sohn. Er weiß nicht, was er täglich kostet.«

Sachzwang.

Der Sohn hatte schon recht, als er den Vater fragte, wieso er ihn in diese mißliche Lage gebracht hat. Für welchen Menschen eigentlich?

Thomas Ardrey, der Verhaltensforscher, hat vor zwei Jahrzehnten versucht, diesem Geheimnis auf die Spur zu kommen. Für mich ist es der gelungenste Versuch.

Er meinte herausgefunden zu haben, daß die aufrechte Haltung des Menschen auf einen Vorgang zurückzuführen sei, der ungefähr so stattgefunden haben könnte:

Der vorausgedachte Mensch, also das Quatro-footed-Monster, der auf vier Füßen agierende Pflanzenfresser, hat irgendwann einmal den Geruch von Blut verspürt.

Von da an veränderte sich das Leben der vielen anderen Überlebenskonkurrenten auf dieser Erde.

Irgendwo in Afrika fand ein menschlicher Vorentwurf einen abgenagten Antilopenknochen. Zwischen ihm und einem Gegner lag zudem ein zu fressendes Wesen.

Der noch nicht zu einem wirklichen Menschen aufgemenschte Mensch hatte plötzlich einen göttlichen Einschuß, sah diesen 1,26 Meter langen Knochen, begriff, daß es sich hier um eine distanzschaffende Waffe handeln könnte, schlug seinem Konkurrenten damit den Schädel ein und nahm die Reste der Antilope.

Er war satt – der andere tot. Er entsorgte ihn auch, weil er ihn fraß und so auf natürlichem Wege dem Recycling zuführte.

Er ist nicht an seiner ständigen Sorge um die Zukunft der Menschheit gestorben, sondern an dem Antilopenknochen. Kurz und gut. Die Überlebensquote lag bei 50 Prozent. Und die Würde des werdenden Menschen war unangetastbart.

Der gewordene Mensch hat 20 Prozent Toleranzquote.

Wenn man glaubt, daß man dazugehört, ist man immer ein wenig optimistisch.

So schnell bin ich nicht zum Ernst zu bewegen.

Meine Einstellung zum Ernst hat 3,024 Prozent. Hat ein Ernstometer vor ein paar Tagen herausgefunden.

Der Unernstometer hat 71 Prozent angezeigt. Wahrscheinlich bin ich zum Leben ungeeignet.

Lebenseignung, hat das ZDF verkündet, sei eine Frage der Lebensanpassung. Wenn man herausgefunden hat, daß der Fleischer im Ort nur noch 88 Prozent der zu schlachtenden Schweine schlachtet, hätte man es mit einem Lebensanpassungsquotienten von 5 Prozent zu tun. Meine Glaubensbereitschaft für 50 Prozent aller dieser Meldungen ist auf 0,1 Prozent gesunken.

Die anderen 50 Prozent glaube ich 100prozentig.

Ich bin ein Mensch wie andere auch nicht, habe 32 Prozent Wasserablassungsfähigkeit, bin mit 102 Prozent an meiner zu erwartenden Bestattung vorzugsbeteiligt, habe bei meinen Tenniskämpfen mit Dieter Hanitzsch eine Erstaufschlagsvorteilsnutzung von 2 Prozent, verwerte beim Lesen von Zeitungen Mitteilungen von Wert in einer Geschwindigkeit von 1,6 in der ablassenden Skala der Intelligence-Hitlists, nutze den Wissensvorteil zu 44 Prozent, daß ich eher weiß als andere, wie sinnlos es ist, um meinen verlorenen Arbeitsplatz zu weinen, weiß aber, daß, weil ich es doch getan habe, mein Feuchtigkeitsverlust bei 39 Prozent lag.

Herrlich, in einer Welt zu leben, in der man alles, alles wissen kann und *darf*!

Boris Becker hat in 77 Turnieren zwölfmal geniest.

Effi Briest hat das eheliche Heim 13mal mit einem Einspänner verlassen. Schön, daß unsere Kinder das in ihren Deutschstunden lernen und so Fontane näher und näher treten können.

Jeder elfte Kaugummi wird bei jedem 21. Diplomatentreffen unter jeden 15. Tisch geklebt!

Ich bin zu 90 Prozent davon überzeugt, daß 80 Prozent der Bevölkerung 100prozentig zu verarschen sind.

## HAT ES SCHLESIEN GEGEBIEN?

Das ist eine der blöden Fragen des 20. Jahrhunderts. Gleichwertig der Antwort des Habsspießburgers: »Serbien muß sterbien.« Schlesien war Maria Theresias 17. Kind. Sie hat es unter Druck dem kleinen Hohenzollern-Fritz überlassen, dem späteren Alten Fritz.

Wer es so schnell hergab in den zwei Schlesischen Kriegen, kann es nicht besonders gekannt haben.

Aus dem Curriculum vitae der Kaiserin ist auch nicht zu entnehmen, ob sie die Schönheiten des Altvatergebirges oder der Stadt Hirschberg besonders geschätzt hat.

Oder Krummhübel – Schreiberhau – Oberschreiberhau … das alles dem Preußen-Fritz zu übergeben? Die Heuschauer? Die Schneekoppe?

Sie hat uns nicht gemocht. Sie hat die Operette in Glogau nicht gekannt. In Görlitz kann sie nicht gewesen sein. Der Geruch von schlesischer Ziegenmilch und schlesischer Kuhscheiße in der Einzigartigkeit muß ihr entgangen sein. Acht Jahre lang hat sie gebraucht, um den Siebenjährigen Krieg zu überstehen.

Für mich wäre alles anders gekommen, wenn die Maria Theresia den jungen Fritz ins Bett gelassen hätte. *Sie* hätte den Fall geklärt!

Sie hätte laut und vernehmbar erklärt: »Der Junge ist schwul.«

Von da an wäre vieles in Europa anders gelaufen.

Mein Urgroßvater, mein Großvater, meine Mama, mein Papa und ich, natürlich auch meine Kinder, wir wären Polen und hätten keine Schwierigkeiten, unsere Vergangenheit zu erklären.

Wir könnten vielleicht nicht so gut deutsch reden, aber das zu können bedeutet ja auch nicht die Spitze der Glückseligkeit.

In Warschau und in polnischer Sprache wäre der Grad meiner Traurigkeit nicht fröhlicher.

Und doch und doch und doch: So heimatlos kann nur ein Schlesier sein.

Es muß etwas Befreiendes für einen Heimatverbundenen haben.

Heimat ist wie Handschellen, wenn man Tischtennis spielen will. Heimat warnt immer mit der Voraussage, daß es woanders nicht besser stinkt als zu Hause.

Schlesier hatten dieses Problem nie.

Wir hatten unser Klosett neben der Scheune. Bad oder Dusche hatten wir überhaupt nicht. Wasser kam aus dem Quietschbrunnen und die Sauberkeit von innen.

Was mich und meine Familie betrifft: Wir sind durch das Ausgewandertwerden nicht kulturlos geworden. Wir hatten damals nichts zu verlieren.

Behaltet, was ihr nicht habt!

Und noch etwas: Wir Deutschen sind in Grenzen erträglich. Es müssen nicht die von 1939 sein.

Alle deutschen Stämme stammen aus der Zeit der Völkerwanderung!

Alle Vulkane haben ihre Ausbrüche.

Wir haben Pause.

Mit uns Schlesiern haben sie sich für alles entschuldigt, was sie im politischen Kulturzentrum des Inreiches, also allem, was westlich von Schlesien lag, in den Sand gesetzt haben.

Abgesehen davon, daß sie – sagen wir die in Köln oder Hamburg, Bremen oder Dünkeldorf – uns für sprachlose Barbaren hielten ... *Horribilicribrifax* ... *Horribilicribrifax*. *Teutsch*. Jetzt hab ich's.

Nichts wissen? Haha! Ich Schlesier, ich nicht deutsch, aber wissen.

GRYPHIUS!

Jaja, wir Schlesier sind ein Volk der Dichter.

Noch bevor die Sonne aufgeht, haben wir Gedicht gemacht! Bis Abend können es gewesen sein 15 bis 16.

Wer kennt Franz von Reimlaich? Er stammte aus Schwarzbach an der Krumme und war der einzige deutsche Reimdichter, der das Beste aus seinem Talent gemacht hat: Als er 43 Jahre alt war, stapelte er die Urmanuskripte seiner 24 344 Gedichte um sich herum, zündete sie an und verstarb an ihnen.

Wenn wir nicht aus unserer Heimat vertrieben worden wären, würden wir ihn heute noch verähren.

Ach, wie gern hätte ich ihm triumphierend mitgeteilt, daß ich einer der wenigen bin, die einen Reim auf Mensch gefunden haben. Kältemäßig gesehen.

> Wieso ist dieser Mensch tot?
> Er hat doch einen Trenchcoat.

Franz starb in den Flammen seiner Reime.

Da sind sie, die schlesischen Defizite. Mir, der ich in eine Schule geschickt wurde, die nach einem führenden Reimer der ersten oder zweiten schlesischen Barockdichterschule benannt war, nämlich der Martin-Opitz-Schule, wo ich auf Goethes unreine Reime mit dämlichen Schullehrerwitzen gestoßen wurde, der ich die meisten Werke des »Schlesischen Schwans« noch heute auswendig zitieren kann, mir, der ich nur diesen Nachteil habe, daß ich an den östlichen Grenzen des Reiches aufgewachsen bin, mir wurde unterstellt, ich hätte den Zugang zur inreichischen deutschen Poesie nicht. Wir Gryphiusse, die den Horribilicribrifax erfunden und so ein wunderschönes Stück erdacht haben wie *Die geliebte Dornrose*, die Eichendorff zu den Schlesiern zählen dürfen, wir, die wir glauben, wir wären durchsetzungsfähige Kreaturen, haben es nicht geschafft, den inreichischen Menschen zu erklären, daß wir dazugehören, daß wir diese Demokratie mitgebaut haben.

Man wird uns mitteilen, daß sie großzügig genug waren, um uns mit an die Suppe zu lassen.

Was sagte Franz Josef Strauß in seiner unnachahmlichen Gemeinheit?

»Ich weiß, was ich drin gemacht habe – soll er sagen, was er draußen gemacht hat.« Dieses, der Tätigkeit Willy Brandts in Norwegen gewidmet, müßte eigentlich sämtliche Zweifel über die Person und den Geist von Strauß ausräumen. Er war einfach mies. Korrupt, raffgierig, volksverhetzend. Und unverantwortlich reich.

Der mit Recht so verstorbene Strauß hat sein Leben verdient.

Was mich anbelangt, möchte ich ein bißchen unauffälliger unter die Erde. Nicht so viel Aufwand. Nicht so viel Presse.

Bei Straußens Beerdigung hat, glaube ich, der Streibl versucht zu erklären, daß er ihn zeitlebens geliebt hat, was zu peinlichen Lachern der Bestattungsgemeinde geführt haben soll.

Sicher bin ich, daß es in meiner Umgebung den einen oder anderen Streibl geben könnte, der mich unter die Erde säuseln möchte. In meinem Testament habe ich die Namen von den erhofften Untergrasrednern niedergelegt.

Wenn einer reden darf, dann Dieter Hanitzsch.

Dieter! *Ein* falsches Wort, und es hebt sich der Sargdeckel! Ein drohender Zeigefinger, wenn du schmust, ist dir sicher. Sag, daß es mir unverdientermaßen gutgegangen ist, daß ich das Glück hatte, zwei liebenswerte Frauen in meinem Leben getroffen zu haben, und daß ich über meinen Sargdeckel hinaus *einmal* meine ganz geheime Lyrik glühend gern … laß es, wenn es dir peinlich ist. Laß es.

Aber sage bitte, daß ich gern ein guter Mensch geworden wäre, daß ich eben ein Schlesier war, der von seinen Urahnen gelernt hatte, immer auf den Klang der Pferdehufe zu hören. Mongolen? Ungarn? Polen? Wer holt dir den Schinken aus dem Kamin, schmeißt deine Frau aufs Bett und klaut dir die Dukaten aus dem Sack?

Meine Eltern haben mir diesen erschrockenen Blick um die Hausecke vererbt. Schlesier sind Grenzfälle.

Sie sind ein Volk, das Geschichten weitererzählen kann wie die Perser.

Wir hatten ein Pferd, das die Nachbarschaft an der holpernden Gangart erkannte.

Ein betrunkener Schmied hatte das Tier einseitig beschlagen. Es war das linke. Dadurch zog es immer nach rechts. Zwei von uns ungeliebte Verwandte hätten wir mittels dieses hochnervösen Fuchses fast aus der Erblinie bekommen, aber es war kein tiefer Graben da, keine Schlucht, kein tiefer See … ein hinkender Rotfuchs in Schlesien bringt noch keinen um.

Wir haben den reichen Großonkel dann unter der Kutsche rausgezogen. Gott sei Dank hat er leider noch gelebt.

Und dann stellte sich obendrein noch heraus, daß er inzwischen arm geworden war. Als wir ihn zu Tode gepflegt hatten, meldete der Leichen-Kosmetiker, er, also Großonkel Ernst, hätte am linken Hodensack ein eintätowiertes Hakenkreuz!

Meine Mutter war entsetzt, mein Vater gerührt.

Das waren die epischen Darstellungen meiner Kindertage.

Daß ich in meinen innersten Anlagen ein Lyriker bin, davon wollte nie jemand was wissen. Man hat das Lyrische vom Land. Von der Krume.

Wenn die Büsche sich im Winde biegen,
kann man nicht genug von kriegen.

Zugegeben, noch nicht ausgereift! Aber er war einer meiner ersten Reime.

Später bekam ich die mehr folkloristische Phase. Als die innere Präsenz den Abgrund der Bodenlosigkeit spagatisch überbrückte. Als ich dem schlesischen Landvolk den Ton genommen, ihn gewissermaßen in meine Reime entführte. Anläßlich eines Julfestes des »Jungbannes 280« trat ich dem Volk mit einem Jahreszeiten-Zyklus nahe.

Ich wurde durch ihn nicht unbekannter, als ich schon war.

Aber ich war der einzige, der den wuchtigen schlesischen Dialekt benutzte, den der Niederlausitz mit dem vollmundigen Ärrr.

Sozialkritisch! In allen Versen lauert Politik ...

OPITZ!

Blödsinn, der wär mir auf alle Fälle eingefallen. Ich war, wie schon gesagt, ein paar Jahre auf der Martin-Opitz-Schule in Bunzlau. Wieso war ich *auf* ihr, ich war in ihr. Oder die Schule war in mir.

Der geistige Ballast für das, was übrigbleibt, ist in Rechnung zu stellen, wenn die Überlebenden die Ablebenden auf ihre ökonomische Verwertbarkeit überprüfen.

Ich muß versuchen, noch nach meinem Tode dafür zu sorgen, daß die Reihenfolge der Einfälle, wer sie hatte, wer nach wem, von wem entlehnt ... aber dafür müßt ihr mich wirklich sterben lassen, sonst habe ich keine Zeit dafür. Zum Sterben braucht man Zeit.

Man weiß zwar nicht, zu wem man kommt, aber man muß sich vorbereiten.

Auf wen? Treffe ich meinen Vater? Meine Mutter? Heinrich Böll? Heinrich Albertz? Willy Brandt?

Mein Pech ist mir Begleiter. Es wird der Hitlerjunge Quex sein.

Laßt mich leben, es kann mir nichts Besseres passieren.

Oder doch nicht? Laßt mich sterben, das ist vielleicht noch besser.

Auch nicht gut, denn wie soll ich euch dann mitteilen, wen ich getroffen habe.

Welcher Orpheus holt mich zurück?

Es kommt kein Drama zustande.

Mit mir kann keiner ein Drama machen. Und ich wette, daß auch mein Tod keins wird. Der Stopherl Well von den »Biermösln« wird die Trompete blasen (»'s ist Feierabend« … ich bitte darum, damit ein Feuchtigkeitsverlust bei den Grabzugehern entsteht), der Hansi wird wie sein stolzer Vater an der Orgel sitzen, und der Polt und die schlesische Tini werden sich Gedanken machen um die Vergänglichkeit der menschlichen Leber. So soll's sein.

Und dann soll einer einen fahren lassen, der zum Himmel stinkt, wodurch sich das Himmelstor öffnet, und nicht der Petrus wird dort stehen mit dem Schlüssel, sondern der Werner Finck, und der sagt dann: »Eh, Hildebrandt, ich habe mir das Ende meiner Person mit der CSU noch mal überlegt. Du hattest recht. Wie heißt du eigentlich?«

Danach fängt es an zu regnen. Und es werden lediglich meine Tränen sein. Aber das wird dann unten schon niemand mehr wissen.

Und meine besten Gedichte?

Mein schlesischer Jahreszeiten-Zyklus?

Ich kann es, nachlässig mit der Schulter zuckend, ein letztes Mal anbieten:

*Herbst*
Wenn du und das Laub wird älter
merkst, die Luft wird kälter
und du fiehlst, daß du bald sterbst
dann is Herbst.

Für den Frühling habe ich ein viel früheres!

*Frühling*
Wenn die Hasen heher springen
und die Veegel lauter singen
und du hast so das gewisse Feeling –
dann is Friehling!

Mein Zyklus hat vier Jahreszeiten. Durchhalten,
Freunde!

*Summer*
Wenn die Felder und sie werden gelber
und es riecht so abgeerntet und du bist es selber
Deine Zeit ist um, wird immer ummer
das mein Lieber war der Summer.

*Winter*
Wenns nicht warm is und es schneit
und du weesst nich ganz genau
was steckt dahinter
dann is meistens Winter.

Renate hat sich das alles angehört, das heißt, eben nicht.
Sie schaut versonnen von einem Buch auf und sagt:

»Taganrog.«

Und ich: »Wie bitte?«

Renate: »Tschechow ist in Taganrog geboren. Wußten wir doch im Sommerurlaub nicht mehr.«

## ÜBER BRÜCKEN

Etwas überbrücken, Peinliches, Pausen, Täler, Flüsse oder Liquidationsschwierigkeiten, vorübergehende Gedächtnislücken, etwas mit etwas zu verbinden, halte ich für einen positiven Vorgang. Wenn Anbindungen vorhanden sind! Sonst ist das schwierig.

Es sollen in Deutschland mindestens 30 Brücken mitten in der Landschaft stehen, zu denen keine Straße führt und von denen auch keine wegführt.

Es sind Denkmäler der Demokratie.

So etwas kann ganz einfach passieren. Eine Brücke ist fertig, wartet nun auf die Straße, aber inzwischen haben sich nach den Wahlen die politischen Mehrheiten verändert, und die haben nun andere Pläne mit anderen Firmen, die andere Interessen anmelden, also andere Trassen. Und so kommt es, daß die Brücke im Freien steht.

Aber warum nicht? Die Karten werden noch einmal neu gemischt. Neues Spiel, neues Glück, neue Parteispenden, vielleicht ein neuer Skandal, ein neuer Untersuchungsausschuß. Das hält uns lebendig.

Ich liebe Brücken. Manchmal möchte ich selbst eine sein. Dann wäre ich eine Eselsbrücke. Das wäre die billigste.

Ich höre immer wieder, wie teuer Brücken sind. »Mensch, ich komme gerade von meinem Zahnarzt, was glaubst du …!«

Schön, das war zu naheliegend. Schon ist die Eselsbrücke zusammengebrochen. Schade, man hätte noch elegant hinzufügen können, daß zur Seehoferbrücke kein Weg hinführt.

Es ist übrigens, meiner Ansicht nach, ein Irrtum, zu glauben, daß Brücken zwei Ufer miteinander verbinden. Eselsbrücken jedenfalls nicht, also meine nicht. Da wimmelt es von Erinnerungsufern. Die Ufer umkreisen mich förmlich.

Das Asowsche Meer zum Beispiel. Schiffsbrücke zum Schwarzen Meer. Taganrog! Gegenüber von Rostow, und schon verreisen meine Gedanken, und ich scheide plötzlich aus dem Gespräch aus.

Es muß vielen Menschen so gehen wie mir. Ich sehe sie, ich denke mir: Warum schauen sie so verblödet? Sie sind einfach verreist. Wenn irgend jemand im Gespräch Sepp Herberger sagt oder Fritz Walter oder Toni Turek, sehe ich mich im Berner Wankdorfstadion im Weltmeisterschaftsendspiel gegen Ungarn das vierte Tor schießen.

Und Helmut Rahn sauer: »Es waren nur drei, und ich habe das Siegestor geschossen. Mit links in die rechte Ecke!«

»Okay«, sage ich und nehme meins zurück.

Und als Renate »Taganrog« sagte, war ich sofort unterwegs.

Per Schiff ins Schwarze Meer, über das Schwarze Meer in den Bosporus, durch Instanbul – links der Orient, rechts die Atatürkei – und durch die Dardanellen in die Ägäis, und dort tauche ich auf einer griechischen Insel unter und schreibe allen eine Karte.

Oder: Von Taganrog mit ein paar Sauriersprüngen in den Süden direkt nach Grosny. Man könnte die tschetschenische Hauptstadt als ein Modell für eine erfolgreiche russische Außenpolitik besichtigen.

Aber wer weiß? Es ist durchaus möglich, daß bereits deutsche Abenteuerurlauber unterwegs sind, die es reizt, eine völlig zerstörte, zerschossene, menschenleere Stadt zu fotografieren, die *nicht von uns* dem Erdboden gleichgemacht wurde.

Warum wollen Soldaten dort bleiben, wo sie nicht hingehören? Wollen sie ja gar nicht.

Warum trauen sich von der Stimmung ihres Volkes abhängige Politiker immer wieder, den Müttern ihres Landes die Söhne wegzunehmen?

Das erklärt eine andere Route von Taganrog aus. Da fahren die Gedanken in südlicher Richtung immer an den Pipelines entlang und kommen nach Baku. Und das kenne ich noch aus den alten UFA-Filmen der 30er und 40er Jahre, in denen meistens Hans Albers oder René Deltgen vorkamen als Ölbohrer.

Baku bedeutete Öl, und Hitler wollte zu ihm.

Über Taganrog.

In meinem Brockhaus ist nicht zu lesen, wie viele Tausende und Abertausende deutsche und sowjetische Soldaten dafür gestorben sind. Er meldet dazu knapp. »Im Zweiten Weltkrieg war T. 1941 und 1943 schwer umkämpft.« Das heißt einmal auf dem Hinweg und einmal auf dem Rückweg.

Der Duden meldet dazu überhaupt nichts mehr, und im Jugendbrockhaus gibt es die Stadt gar nicht.

Gedächtnisverlust auf Raten.

Die Geschichte kann einpacken.

Vielleicht war das der Gedanke, der hinter dem Motto des Verständigungsessens der zwei Verteidigungsminister von Polen und Deutschland – es ereignete sich im Berliner »Hotel Seehof« – stand. Das »Scheibenwischer«-Team wohnte wie immer dort, und wir erlebten die Inszenierung.

Zunächst überschwemmte eine Gang von muskulösen Männern mit ausgebeulten Jacken die Halle und besetzte die Ausgänge. Dann schritt der militärische Hofstaat herein, erst die unterrangige Vorhut, dann die Adjutanten, dann Generäle, Admiräle, und dann kam er. Sein Name tut jetzt nichts zur Sache, er war sehr freundlich, selbst noch, als wir fragten, ob das mit dem Motto ernstgemeint sei.

Das Motto lautete: »Brückenschlag zu Polen.«

Sicherlich hat sich der Verfasser nichts Böses gedacht.

Brücken schlägt man eben, aber ich habe noch nie gehört, daß ein Brückenbauer sich Brückenschläger nennt.

Das nächste Brückenschlagessen hat mit den Tschechen stattgefunden. Stoiber hat gekocht.

RÜHE!

Er war der Brückenschläger. Er gehört zu den Diadochen, die sich jetzt schon in die Erbstreitigkeiten um das Erbe des Mannes verwickeln, der in einer unsäglich langen Regierungszeit es schaffte, aus einem blühenden Land ... nein, das war irgendwie anders. Sage ich's eben mal so: Ein Mann, der bei seinem Regierungsantritt versprach, alles in diesem Lande zu verdoppeln. Das ist ihm hervorragend gelungen. Am besten mit dem Umfang seines Leibes, dann mit den Arbeitslosenzahlen, den Schulden, den Obdachlosen, den Pleiten in Ostdeutschland. Er hat einiges erhöht, vieles vertieft und so manches erledigt.

Erhöht hat er die Steuern, vertieft den Graben zwischen West- und Ostdeutschland, und erledigt hat er die Kultur.

Aber es ist wie im Kriege, wenn ein Mann auf dem Posten steht oder auch sitzt und sitzt und sitzt, und er nicht abgelöst wird, weil die Ablösung eingeschlafen ist.

Aber wer immer ihn jetzt ablösen wollte, müßte schon ein Zauberer sein. Er hätte wahrscheinlich keine Chance gegen den Dicken, wenn der es sich in letzter Minute anders überlegt, genau wie damals Adenauer: »Wen scheiße ich denn zusammen, wenn ich allein zu Hause bin?«

Und dann stürzt er sich in den Wahlkampf, verspricht, er könne aus einem Wecker zwei Armbanduhren machen, also wieder eine Verdoppelung, und die Leute wählen ihn.

Mich persönlich verbinden sehr schöne Geschichten mit ihm. Ich hätte, sollte ich ihn wählen wollen, auch ein Motiv.

Mag Helmut Kohl vielen etwas genommen haben, mir hat er sehr viel gegeben, und ich habe einmal in einer »Scheibenwischer«-Sendung die Gelegenheit wahrgenommen, ihm etwas zu schenken, und zwar ein Gedicht von Wilhelm Busch, das ich in der Hoffnung, der

Dichter würde es mir nicht verübeln, aufgesagt habe, und zwar mühelos aus dem Gedächtnis, weil ich es schon im Jahre 1943 in meinem Kopfgepäck führte.

Für meinen Kanzler von Wilhelm Busch:

> Ein dicker Sack – den Bauer Bolte,
> der ihn zur Mühle tragen wollte,
> um auszuruhn, mal hingestellt,
> dicht an ein reifes Ährenfeld -
> legt sich in würdevolle Falten
> und fängt 'ne Rede an zu halten.
> »Ich!« sprach er, »bin der volle Sack.
> Ihr Ähren seid nur dünnes Pack.
> Ich bin's, der euch auf dieser Welt
> in Einigkeit zusammenhält.
> Ich bin's, der hoch vonnöten ist,
> daß euch das Federvieh nicht frißt;
> ich, dessen hohe Fassungskraft
> euch schließlich in die Mühle schafft.
> Verneigt euch tief, denn ich bin der!
> Was wäret ihr, wenn ich nicht wär?«
> Sanft rauschen die Ähren:
> »Du wärst ein leerer Schlauch,
> wenn wir nicht wären.«

Schade, daß er nicht zugeschaut hat.

Seine Geschenke an mich ereilen mich regelmäßig über die »Medien«, die er überhaupt nicht leiden kann, die er aber inzwischen wie sein persönliches Eigentum benutzt. Würde er an SAT 1 oder Pro 7 oder vielleicht sogar an eine öffentlich-rechtliche Anstalt den Wunsch richten, er hätte gern sein tägliches Frühstück live übertragen, es würde passieren. Es wäre die Direktübertragung des Eindrucks, den die freundliche *Bild am Sonntag* auf den Kanzler ausübt.

Und Bams! haben wir schon wieder eine Brücke.

## EINE NACHT AM DOM

Ich kann über die Nacht am Dom erst später berichten, da im Augenblick große Unruhe im Hause herrscht.

Renate hat zwei ihrer Brillen verlegt, verloren, was weiß ich. Ich habe Renates Nervosität durch eine unbedachte Frage noch verstärkt. Ich habe sie gefragt:

»Kannst du dich erinnern, wann du sie zum letzten Mal gehabt hast?«

Und sie fauchte zurück: »Mußt *du* mich gerade fragen, wo du dich nicht mal erinnern kannst, was ich vor zehn Minuten gesagt habe.«

Ich: »Nun sei doch mal ...«

Sie: »Achch!«

Ich: »Wieso sind gleich zwei weg?«

Sie: »Eine Fernbrille und eine Lesebrille – ganz einfach.«

Ich habe unten nachgesehen, sie oben, dann hat sie noch einmal unten und ich oben, weil keiner dem anderen geglaubt, daß er richtig nachgesehen hat, dann im Auto, im Keller, und dann habe ich drei andere entdeckt, woraufhin sie meinte: »Das sind doch die, die vorige Woche weg waren.«

»Ja, dann kann ich dir nicht helfen ... Moment. Vielleicht in der S-Bahn?«

»Ich habe dir gerade gesagt, du hörst nicht zu. Ich habe
dir vor zehn Minuten gesagt, daß ich schon zwei Monate nicht mehr S-Bahn gefahren bin.«

Und ich beleidigt:

»Ich wußte nicht, daß du erwartest, ich müßte mir
*jeden* deiner Sätze bis in alle Ewigkeit merken.«

Starker Abgang?

Weit gefehlt. Sie tritt nach:

»Dann brauche ich ja überhaupt nichts mehr zu sagen
in diesem Hause!«

Mit dem Versuch, das letzte Wort zu haben:

»Ich erwarte deinen Versöhnungskuß in spätestens
zehn Minuten.«

Und sie: »Einverstanden. In zwölf!«

Und jetzt soll die Geschichte erzählt werden.

Wann sie geschah, weiß ich nicht, mir scheint, es war
um die Zeit herum, als die Berliner Mauer ihren letzten
Jahreswechsel erlebte. Man hatte mich eingeladen, an einer Silvestersendung mitzuwirken. Sie sollte nachmittags
stattfinden und live sein, und Hüsch sollte moderieren.
Das gefiel mir alles, zumal man mir einräumte, ein aktu-
elles Solo zu bringen mit der Zusicherung, man würde
sich keineswegs erregen, falls irgendwelche Improvisa-
tionen andere, geschriebene Sätze verdrängen sollten.

Das bedeutete, die Sendung wäre so gegen 18 Uhr
vorbei, dann könnten wir gemeinsam einen Schnaps in
das neue Jahr gießen, und am Abend wären wir frei.

Renate und ich beschlossen, da auch ein höchst an-
ständiges Honorar angeboten worden war, ein richtig
fettes, feuchtes, orgiastisches Silvester in Köln zu feiern.

Als Austragungsort fiel uns beiden gleichzeitig ein

Hotel ein, das wir im Vorbeigehen stets mit dem Neid des Spesenminderbemittelten betrachtet hatten, das »Dom-Hotel«.

Unser Plan: Wir würden uns ein großes Zimmer mit Balkon und Blick zum Dom mieten, eine Wahnsinnsplatte mit allen verbotenen Schalen- und Krustentieren und ein paar Flaschen Schampus auf das Zimmer bestellen und um o Uhr auf den Balkon treten, je nach Laune halb oder ganz betrunken, und die Glocken des Kölner Doms, bekannt aus Funk und Fernsehen, werden uns die Ohren wegläuten.

So geschah es. Wir betraten das Hotel und sahen zu allererst Hanns Dieter Hüsch mit einer Dame zärtliche Gespräche führen.

Hanns Dieter und ich hatten im selben Jahr unsere Frauen verloren. Beide starben an der gleichen Krankheit.

Und wir beide hatten uns gleichzeitig neu verliebt.

In den Jahren davor hatten wir auch unsere eigenen Krankheiten ausgetauscht. Alles ziemlich deckungsgleich.

Wir haben die richtigen Menschen getroffen. Der Tag fing gut an.

Am nächsten Nachmittag lief die Sendung ganz gut ab. Mir war noch eingefallen, daß man die Zuschauer auf die Silvesterrede des Kanzlers aufmerksam machen müßte. Ich fand, sie könnten getrost, wenn sie etwas Wichtigeres zu tun hätten, darauf verzichten, ich könne ihnen sagen, was er sagen würde. Er wird für das Vertrauen danken, aber auch warnen müssen, daß in diesen schweren Zeiten ... und man müsse in Zukunft ... aber man müsse mit Optimismus ... und daß schwere Entscheidungen auf uns zukämen.

Am Abend saßen Renate und ich selbstverständlich vor dem Apparat, um diese Rede nicht zu verpassen.

Ich sagte noch zu ihr: »Müssen wir das wirklich?«

Und Renate, mit etwas schwerer Zunge: »Ich will mir später keine Vorwürfe machen müssen.«

Dann verreisten meine Gedanken.

Plötzlich stieß mich Renate aufgeregt an:

»Hat er jetzt nicht 1987 gesagt?«

Und ich meinte: »Kann schon sein, ein Versprecher.«

Am Neujahrstag war in Fernseh- und Radiostationen der Hund von der Leine. Einen Tag später meldeten die Zeitungen, das Bundeskanzleramt habe sofort Maßnahmen eingeleitet, denn es sei eindeutig die Rede des Vorjahres gewesen.

Spekulationen wucherten. Der tiefrote WDR hätte zusammen mit dem NDR in der Sendezentrale einen Saboteur bezahlt, um, ja um was? Um den Kanzler zu blamieren. Wie denn? Hat doch überhaupt keiner gemerkt! Man kann seit zehn Jahren alle Reden untereinander auswechseln.

In der *Bild am Sonntag* kam der Redakteur Wolfgang Windel ... der Name wird mir immer einfallen, weil mich noch niemand so zum Lachen gebracht hat ... auf eine kluge Idee.

Er meinte, wer die Sendung am Nachmittag gesehen habe, in der ein Kabarettist den genauen Wortlaut der Rede verraten hätte, könne das als Beweis für Mitwisserschaft an einem Komplott der ARD nehmen.

Die Überschrift lautete: »Was wußte Hildebrandt?«

Vor einer Stunde kam Renate zurück vom Synchronisieren. Leider hatte sie eine ihrer Lesebrillen vergessen und mußte sich eine neue kaufen. Ich hatte zuvor die beiden vermißten Brillen wiedergefunden. Sie lagen zwischen Zeitungen. Jetzt haben wir 22 …
Brillen.

## DIPPDIPP

Sir Laurence ist der schon erwähnte Dritte im Bunde der großen Philosophen des Kugelschreiberjahrhunderts.

Die vorige Geschichte abschließend, möchte ich noch erwähnen, daß nie herausgekommen ist, wer oder ob überhaupt jemand sabotiert und das falsche Band auf den Teller gelegt hat. Es wird ja auch immer noch der richtige Täter gesucht, der vor vielen Jahren nach dem überraschenden Tode eines Papstes – es muß jener sein, von dem man behauptet, er sei ermordet worden – nicht das Nachrufband, das selbstverständlich vorbereitet war, aufgelegt hat, sondern einen Wiener Walzer.

In großen Sendeanstalten ist ein Täter nur schwer zu finden, weil keiner weiß, was der andere macht. Und wenn er's weiß, sagt er nichts, weil dann der andere auch was weiß. Menschen, die an öffentlich-rechtlichen Anstalten arbeiten, verdienen zu wenig Geld, um es sich leisten zu können, keine Karriere zu machen.

Im technischen Bereich ist das sehr schwierig, weil man nachweisen müßte, daß man mehr leistet als der oder die andere. Im Redaktionsbereich ist die tägliche Präsenz ausreichend, um in Erwägung gezogen zu wer-

149

den, Erster Redakteur zu werden. Man muß nur eine unbedingte Sabbelbereitschaft »einbringen«. Es gehören die Wörter in den Raum, die man beliebig zu streuen in der Lage sein muß, wie Story-Line, Peripetie, Thrilling Point, Fade out, Problem-Splitting, Trash, Crash, Event-Killing, Mentality-Changing, und kann dabei als horrender Dämlack unerkannt davonkommen. Als ein amerikanischer Autor einen Film über das Nachtleben von Köln vorschlug, berieten vier Herren der oben erwähnten Gattung lange mit dem Autor, bis der Obersabbler endlich das entscheidende Gegenargument gefunden hatte:

Man wisse doch aus der Praxis, daß Filme, die nachts anfangen, keine Chance hätten.

Unter diesen Umständen ist es nicht verwunderlich, daß es inzwischen eine eigene Abteilung im Westdeutschen Rundfunk gibt, die nur damit beschäftigt ist, solche Mitarbeiter, sofern sie noch nicht fest angestellt und damit unkündbar sind, davon abzuhalten, sich um einen krisensicheren Stuhl zu bemühen.

Haben sie den aber erst einmal, kann sie für gewöhnlich nur der frühzeitige Tod davon abhalten, Unheil zu stiften und dennoch befördert zu werden.

Hier setzt die Beobachtung der Philosophen Professor Peter und Professor Hull ein, die zu dem Schluß kommen, daß die wortreich und permanent vorgetragene Unentbehrlichkeit eines Mitarbeiters, der zudem die inzwischen unbedingt notwendige Jugend vorweisen kann, unweigerlich nach oben führt. Die natürlich vorhandene Begabung einer jungen Dame, bleiben wir jetzt mal bei einer Dame, Vorhandenes brillant zu zerreden,

Autoren nahezulegen, ihr Talent nachprüfen zu lassen, das alles mit einer großen Dreistigkeit zu einer Zerreißprobe zu treiben, was eben dazu führen kann, daß der Autor sein Manuskript zerreißt, verschafft ihr den Ruf, »knallhart« zu sein. In ihrem nächsten Job tut sie das genauso, und sie steigt so lange auf, bis sie auf der Gegenfahrbahn einen noch knallhärteren Kollegen trifft, und jetzt … und jetzt, meint Dr. Peter, hat sie ihre berufliche Kompetenzschwelle überschritten.

Das furchtbare Fazit des Peter-Prinzips lautet: 90 Prozent aller Politiker, Manager, Beamten und Direktoren haben diese Grenze ihrer Kompetenz überschritten.

Hier nun setzt das Parkinsonsche Gesetz ein, das behauptet, alle diese Inkompetenten hätten die Gewohnheit, zwei Jahre lang Arbeit an sich zu reißen, die völlig unnötig ist, dann ihren Vorgesetzten mitteilen, sie könnten diese allein nicht bewältigen, weshalb sie einen Mitarbeiter bekämen, der das gleiche tut. Dann würden die Räume zu eng, und es muß neu gebaut werden. Und so erklärt sich die Verzehnfachung der Verwaltungen aller öffentlich-rechtlichen Anstalten.

Als letzter Philosoph kommt dieser …, dieser Dings …, egal, der jedenfalls sagt: Alles, was passieren kann, passiert auch.

Das deprimiert. Weil es wahr ist.

Ich lernte einmal einen Redakteur bei seiner Arbeit kennen, der alle die erwähnten Vorzüge gebündelt in sich trug. Ich nannte ihn Licht, da er aussah wie eine Idealbesetzung des Schreibers Licht im *Zerbrochenen Krug*.

Dr. Licht, als Erscheinung, hatte ich schon in vielen

schweren Nächten getroffen. Er gehörte und gehört noch immer zu der Gattung der Wissenden, die ein Manuskript betrachten wie stinkige Hamburger. Sie schaffen es, einen Raum zu betreten und die gute Laune augenblicklich einzubremsen.

Als er noch einfacher Redakteur war, behandelte er einen Kollegen schon so, als wäre er wegen Alkoholismus bereits in Rente gejagt worden.

Seiner Unkenntnis des Metiers, dem er zugeordnet war, tat das keinen Abbruch. Er redete schlicht dummes Zeug und wollte es beachtet wissen. Man tat ihm den Gefallen nicht. Er hat sich später gerächt.

Er läßt überhaupt nichts ungerächt.

Ich war Zeuge mehrerer Rollenbesetzungsvorgänge. Da standen Herren, lauter Lichtleins, um ein großes Besetzungsbuch herum und suchten einen Schauspieler für ein Fernsehspiel, das ich verfaßt hatte.

Man schlug eine Seite auf, und sofort stöhnte ein Lichtlein gequält: »Oh nein! Tiefste Provinz!«

Die nächste Seite: »Igitt! Wie der ausschaut!«

So ging das weiter, bis ich ein wenig böse fragte, ob ich denn da auch eine Stimme hätte. »Naatüüürlich!« klang es sofort. Und ich schlug meinen Wunschschauspieler auf und zeigte mit dem Finger auf sein Bild, als wollte ich es durchbohren.

Da sagte das Oberlicht mit großen Augen: »Warum nicht?« Und nach einer kleinen Bedenkpause: »Aber ...«

»Aber?!«

»Er trinkt.«

Aus und vorbei. Gegen diese unbewiesene Behauptung war nichts zu machen.

Auf meinen Wunsch, Ursula Noack zu meiner Partnerin bei einer Vorabendserie zu holen, wendete irgendein anderer Licht ein, man sage, sie sei »unzuverlässig«. Das bedeutet immer, er oder sie steht morgens nicht auf, säuft oder widerspricht oder lernt den Text nicht.

Sie sind mächtig, diese Lichtgestalten. Weibliche wie männliche. Mein Dr. Licht war, als er auf uns traf, bereits auf dem Vormarsch in die Führungsetage.

Alles, was passieren kann, passiert auch ….
MURPHY!

Licht machte in einem ungeheueren Tempo Karriere. Seine Begabung, darauf hinzuweisen, wie unzuverlässig und unbegabt seine Kollegen seien, stellte ihn in das Licht des Begabten. Kaum war er was, im nächsten Augenblick war er schon mehr.

Immer wieder habe ich überlegt, wo der Grund für diese Sprünge zu suchen ist.

Jetzt vermute ich mal.

Er trank gern und war ein sehr starker Raucher. Als ich ihn nach vielen Jahren wiedersah − (aus der Ferne) −, bemerkte ich, daß er nicht mehr rauchte.

Aber er hatte diese Bewegung des Ascheabstreifens beibehalten. Im gleichen Rhythmus klopfte er wie noch als Raucher mit dem Zeigefinger auf die zusammengelegten Daumen und Mittelfinger. Wenn er sprach, wenn er schwieg, immer dieses Dippdipp. Dippdipp. Immer zweimal.

Er hatte also zu Gunsten seiner Karriere die erste Stufe der vernünftigen Unterwerfung erklommen: Er rauchte nicht mehr. Aber Restbestände seines Lasters waren ihm gestisch geblieben. Dippdipp, Dippdipp.

Es muß putzig aussehen, wenn er zu seinem Intendanten geht:

»Verzeihung«, Dippdipp, Dippdipp, »Herr Intendant, darf ich auf etwas aufmerksam machen?« Dippdipp, Dippdipp.

Das allein kann ihm nicht die Sympathien eingetragen haben. Es war noch etwas anderes.

Dr. Licht war durch das starke Rauchen gewöhnt – vermutlich konnte er auch nicht richtig rauchen –, das Auge hie und da zuzukneifen, weil ihm der Rauch hinein geraten war. Auch das war ihm erhalten geblieben.

Als er noch zwei Stufen unter seiner heutigen Rangordnung war, muß er zu seinem damaligen Vorgesetzen, bevor er ihn überrollte, gegangen sein, vielleicht mit dem unschuldigen Satz: »Ich weiß ja nicht«, Dippdipp, Dippdipp, »was hier passiert, aber …«, Zwinkerer, Dippdipp, Dippdipp –, und sofort hat der Herr über ihm überstürzt seinen Stuhl geräumt.

Und so ist denn auch endlich die Forderung an diesem Sender zu verstehen: Wir wollen mehr Licht in die Angelegenheiten unseres Hauses bringen.

So stellt sich das Gebrechen des Dr. Licht für ihn als Vorteil heraus oder vielmehr: Beide Gebrechen, die man als postfumar bezeichnen könnte, stellen in einer inzwischen durchkorrumpierten Gesellschaft ein fabelhaftes Sesam öffne dich für sämtliche Chefbüros dar.

Der Zwinkerer als vertrauliche Ichweißwasvondirdrohung und das Dippdipp als Hinweis darauf, daß man weiß, es handelt sich um Geld.

Sollte Dr. Licht einmal durch die Ministerien gehen,

ich bin sicher, ein oder zwei Staatssekretäre würden ihm überstürzt ihren Job anbieten.

Vielleicht käme er auf diese Weise auch in das Urangeschäft. Oder, und das liegt noch näher: Er würde Chef des BND.

## DER HOMO LUDENS TELEVISIONIS

Der Licht am Ende des Tunnels? Also Dr. Dippdipp als große Hoffnung im Kampf gegen die Würdevermarktung des Fernsehmenschen der 90er Jahre?

Ganz im Gegenteil, es scheint so zu sein, als würden sich Dippdipp und andere Sachwalter der öffentlichrechtlichen Resteverwaltung anschicken, das gebrauchte Badewasser der Privaten auf Flaschen abzufüllen und es ihren Kunden als Gesundbrunnen zu verkaufen.

Sie schielen nach den bunten Klamotten und den lustigen Spielen, wo die mitspielfreudigen Eddie, Walter, Fritz, Sabine – sie haben alle keine Nachnamen mehr, selbst 80jährige werden frisch geduzt – raten müssen, wie rund ein Kugelblitz ist, welchen Vornamen Herrmann der Cherusker hatte, wo der Most her ist, den der Bartel immer holt, was marinierte Heringe mit der Marine zu tun haben. Wer gewinnt muß nach Tunis, wer verliert mit dem Kopf in die Torte. Heißa, es lebt sich! Und immer diese dämlich bohrende Frage: Hat's Spaß gemacht? Ja, es hat immer Spaß gemacht!

Kriegt man als Fernsehender nicht endlich mal einen Dank fürs Aushalten? Meinetwegen ein Verwundetenabzeichen.

Ich könnte ausschalten, aber ich darf nicht, weil zwischen all der Unterhaltung Information, Aufklärung und Kultur vertikal in mich hineinfahren. Ich erfahre täglich unglaubliche Dinge. Daß Katzen Whiskas kaufen würden. Da wäre ich nie drauf gekommen!

Und immer sind alle so jung und schön. Sogar die dritten Zähne verkauft mir ein 30jähriger, der gerade erst seine Milchzähne losgeworden ist! Ein Mensch in einer grellen Jacke will mir unbedingt einen Toyota ans Bein binden, und das macht er gemeinerweise immer in den Tennispausen, und alle drei Spiele versucht er's wieder. Und ich werde immer bockiger. Nein, du Blödmann, denke ich mir und nehme es sofort zurück. Der Junge ist arm, sage ich mir, der braucht das Geld, kann sich nicht mal was Vernünftiges zum Anziehen kaufen. Und ich klammere mich fest an meinen Stuhl und denke mir: Fasten your feedback, es kann nicht schlimmer kommen, aber dann kommen wieder diese Ärzte, die miteinander kochen ... nein, die schneiden herum und rufen »Tupfer«, und ich bin schon so erledigt, daß ich aufstehe und sie holen will, aber gerade noch rechtzeitig erkenne ich, daß es Fernsehen ist und der Pfitzmann den Wussow operiert und der ... nein, es ist der Entwicklungsminister, und das Ganze spielt auf Hawaii, und der Wussmann sagt »Exitus – der Mann gibt keine Milch mehr!«

Aber Wontorra ist zur Stelle, rüttelt den Exitierten und schreit: »Melde dich! Melde dich! Es gibt kein letztes Öl mehr auf Hawaii!« Und wie aus dem Boden gewachsen steht der Pastor an der Bahre, der diese gnadenlose Beichtshow exekutiert, der ... der Dings ... mit dem Titel: »Spuck's aus, Baby!«

Und siehe da, der Patient wacht noch einmal kurz auf und murmelt: »Um Gottes willen, Fliege!« und setzt zum letzten Atemzug an. Das wird verhindert. Die entsetzte Stimme des Moderators: »Um Himmels willen, warten Sie – erst kommt Werbung!«

Im Prinzip ist alt zu sein in unserem Lande erlaubt. Ginge es nach den Damen und Herren des Privatfernsehens, müßte es da Ausgrenzungsbestimmungen geben. Es ist natürlich schwer, ganz bestimmte Antizielgruppen vom Betrachten der Programme von RTL oder Pro 7 oder SAT.1 abzuhalten. Man schafft das nur, wenn man Serien in die Häuser schießt, die für Ältere deprimierend sind, weil das ihnen vorgespielte Leben nur von Jungen dargestellt wird. Wobei das Wort darstellen nicht mehr in Verbindung gebracht werden darf mit darstellender Kunst. Es handelt sich bei solchen Serien zumeist um die sehr hastige Direktübertragung unnatürlicher Vorgänge aus dem Alltag.

So redet kein Mensch, so handelt kein Mensch, aber weil es so ungewöhnlich ist, wird es eingeschaltet.

Die jungen Leute haben tolle Klamotten an, sind gut frisiert, sehen nach Gutriechen aus, ihre Schicksale gehen einem am Gemüt vorbei, man schläft gut.

Kinder sind daran mäßig interessiert. Sie warten auf die Werbung. Den Löwenanteil pfeffern die Privaten in die Kinderseelen. Sensodyne, die Sache mit den zwei kopulierenden Zahnbürsten, ist ihnen ein Begriff.

Eines Tages werden die Eltern die Fernsehapparate nur noch einschalten, um den Kindern Discos vorzuspielen. Es gibt Kinder, die täglich einmal »101 Dalmatiner« anschauen. Später kommt Schlimmeres.

Denn die Kinder haben Vorbilder. Der Papa hat 44 Pornokassetten, und die Kinder wissen genau, wo er sie versteckt hat. Beim Ansehen stellen sie verwundert fest, daß die Handlung dabei immer gleich ist. Nachmittags ist meistens Tennis, da ist es genauso.

Kommt man rein ins Wohnzimmer und hört sofort »Blubb«, weiß man: Tennis. Es spielen immer dieselben gegen dieselben, und einer gewinnt dann.

Abends ist jeden Tag Fußball. Von Februar bis Dezember ist Fußball. Außer montags.

Also, das Leben ist geordnet. Man weiß, was los ist in der Familie. Früher hat die Mama mal umgeschaltet.

Da gab's ein Handgemenge, und jetzt weiß Mama auch schon, was Abseits ist und daß der Klinsmann Flipper heißt.

Ich höre ein Kind: Porno habe ich längst überwunden. Also da ist auf meinen Kassetten mehr los. Jetzt sehe ich Köpfe, Arme und Beine durch die Luft wirbeln. Zur Ablenkung lasse ich mir immer diese blöden Dalmatiner einlegen. Das mag die Mama gern. Ich stelle mir immer vor, daß eine Atombombe mitten im Spiel genau ins Stadion von Schalke 04 fällt, und mein Papa sieht das dann im Fernsehen. Das wäre doch für ihn mal eine Abwechslung.

Entschuldigung. Da waren die Gedanken des Verfassers wieder auf Reisen. In zwei Richtungen. Einmal in die Zukunft und einmal zurück in die Bronzezeit des Fernsehens.

Damals war ich ganz sicher, daß ich mit diesem Medium nie etwas zu tun haben würde. Ich wollte zum Theater. Davon konnte mich auch Irene nicht abbringen. Das komische Charakterfach sollte es sein. Die Wunschrollen konnte ich auswendig hersagen.

1954 kam der große Tag: die Schauspielprüfung an der Münchner Falckenbergschule. Irene arbeitete zu dieser Zeit als Sekretärin in einer Konzertagentur, und wir wollten uns danach zu einer Tasse Kaffee im »Café am Dom« treffen. Um 18 Uhr.

Ich war schon etwas früher da und sah einen Apparat, von dem ich natürlich schon gehört hatte. Auf der Scheibe agierte ein Mann mit einer großkarierten Jacke, und die vor dem Apparat sitzenden Menschen lachten.

Die Geschichte kam mir etwas albern vor. Auf meine Frage, wer das sei, sagte man mir, es handle sich um einen gewissen Peter Frankenfeld. Nie gehört. Ich war nicht heiter gestimmt, denn ich war durchgefallen. Ziemlich deutlich sogar. Der oberste Richter, Hans Schweikart, der Intendant der Münchner Kammerspiele, meinte, angesichts der Tatsache, daß ich schon ein bißchen zu alt sei, sollte ich es doch später noch einmal versuchen. Jahre später saß er mal in unserer Vorstellung und fragte mich nach meiner Ausbildung, und ich erzählte, ich sei unter anderem in der Falckenbergschule durchgefallen, und er fragte amüsiert zurück: »Wer war denn das, der Sie durchfallen ließ?« Und ich antwortete: »Sie.«

Damals war es nicht so lustig. Als Irene kam, erkannte sie sofort meinen suizidalen Gesichtsausdruck, ahnte alles und meinte: »Na und, wenn schon. Ich habe eine gute Nachricht. Ich bekomme jetzt 260 Mark im Monat. 30 Mark mehr!«

Ich war nach meinen Möglichkeiten begeistert.

Peter Frankenfeld, der Großmeister der Fernsehunterhaltung, wurde unser guter Freund. Eines Abends ging er, ohne uns informiert zu haben, mitten in einer Szene über die Bühne der Lach- und Schießgesellschaft, schaute ins Publikum, sagte todernst: »Schön, daß Sie da sind«, und ging wieder ab.

Als uns 1956 das Bayerische Fernsehen aufforderte, unser Programm in die Kameras zu spielen, zögerten wir. Raus aus unserer kleinen Kneipe, hinein in dieses große, kalte Studio? Na schön, sagten wir, wenn, dann nur mit Publikum und live.

Wir hatten eine Sendezeit von knapp zwei Stunden, Beginn um 20 Uhr 15. Schon nach der ersten Sendung erfuhren wir unsere Einschaltquote: über 50 Prozent. In der dritten Sendung überzogen wir unsere Sendezeit um 23 Minuten. Von da ab durften wir das immer.

Nach ein paar Jahren sendeten wir an Silvester unser Kabarettprogramm unter dem Titel »Schimpf vor Zwölf«. Gegen den erbitterten Widerstand des Deutschen Gaststättenverbandes, der darauf hinwies, daß dadurch ihre Gäste regelmäßig erst um 22 Uhr 30 zum Essen kämen.

Unsere letzte Silvestersendung fand in einer der Hallen der Bavaria-Film-Gesellschaft statt. Sie begann erst um 22 Uhr 30, sollte über Mitternacht hinausgehen, wir sollten hinunterprosten, natürlich auch in die Kameras, danach sollten noch 30 Minuten Programm kommen. Eine kühne Konstruktion.

Dankbar wie wir waren, wollten wir die Erwartungen auch erfüllen. Ich kam jedenfalls auf die Idee, dieses heilige 24 Uhr vorsätzlich zu übergehen, einfach weiterzureden, dann zu erschrecken und zu sagen: »Oh, Verzeihung! Jetzt sind wir schon über 12 hinaus.«

Ich gebe es heute zu.

Es wurde daraus ein richtiger Skandal.

Die Boulevardzeitungen schlagzeilten: »Hildebrandt verdirbt Millionen die Jahreswende!«

Wütende Zuschauerbriefe erreichten mich. Beigelegt waren häufig ungnädige Kritiken, Photos mit daneben hingekritzelten Bemerkungen, die Haß ausdrückten.

»Schauen Sie sich mal Ihr blödes Gesicht in aller Ruhe an, dann werden Sie ganz erschüttert sein, was Sie da in die Kamera halten!«

Ein Jahr zuvor war etwas Ähnliches passiert.

In der Sendereihe »Notizen aus der Provinz« hatte mich bei den Recherchen eine kurze Meldung aus der Fassung gebracht, die ein Gerichtsurteil aus Kiel wiedergab. Einem Polizeioffizier, dem man nachgewiesen hatte, daß er 25 Sintis in einem Spezialbus vergasen ließ, wurden bei der Urteilssprechung mildernde Umstände zugesprochen, weil es sich um einen vergleichsweise »humanen Tod« gehandelt habe. Der Todeskampf habe nur eine Minute gedauert. Dazu wollte mir nichts einfallen.

Peter Gerlach, der damalige ZDF-Abteilungsleiter für zerstreuende Belangunterhaltung, kam auf die Idee: »Erkläre den Zuschauern, wie lang eine Minute ist.«

In der Sendung habe ich die Vorgeschichte erzählt und dann eine Minute lang geschwiegen.

Nach der Sendung glühten die Telefone.

Es war der bis heute stärkste Haßausbruch, den ich erzeugt hatte.

Der Hauptvorwurf war mein Gesicht: blöde, dämlich, stumpfsinnig, häßlich, ohrfeigenträchtig, impertinent, hinterhältig, kommunistisch, widerwärtig, dummdreist. Und sehr oft tauchte das Wort »Verräter« auf. Über die getöteten Sintis kein Wort.

Das alles für eine Minute Schweigen.

Erstaunlich ist, daß Menschen, die sich über uns Kabarettisten ärgern, immer wieder einschalten und auch nach einer gewissen Zeit nicht ausschalten. Sollten wir Kabarettmacher da vielen Menschen Therapie frei Haus liefern?

Ich antworte auf solche Briefe niemals, sammle sie aber als Beweis für innere Teilnahme an unseren Sendungen.

Eine Postkarte aus Nürnberg:

»Das war gestern eine einzige Stenkerei. Wären Sie doch in Istanbul geblieben bei den Mohamedanern! Müller.«

»An wem wetzen Sie denn nun Ihr Schandmaul? Sie können nie verantworten, was Sie anrichten. Sie gehören nicht nach Bayern! Becker, Rosenheim.«

Karte aus Wiesbaden:

»Du Eckel, mir kommt das Kotzen, wenn ich dich auf dem Bildschirm sehe. Das man für so ein blödes Gesicht und fürchterliches Gegwassel noch Gebüren zahlen muß, ist nicht zu glauben. Gehen Sie linker Heini doch in die Ostzone, da fehlen sie noch. Ich wünschte mir unsere Wege würden sich mal kreutzen. Du hergelaufenes blödes Vieh, wer hat dich nur geschaffen???? In Rußland würde man dich in die entsprechende Anstalt bringen. Du scheusliches Eckel.« Keine Unterschrift.

Ein Brief aus dem Norden:

»Betrifft Ihre bösartige Hetze gegen die Herren von der CDU, CSU U. FDB, wie wäre es, wenn Sie sich mal die Kommunisten und die rote Brut von der SPD mal vornehen würden??? Da hätten Sie doch ein Thema was unerschöftlich wäre, auf viele Jahre hinaus! Wenn ich nur an den Vaterlandsverräter, Hurenbock, Mörder und gemeinen Schweinehund Brandt denke, was der alles auf dem Kerpholz hat???!!! Dann die Grüne Brut, alles in einen Sack und dann mit dem Knüppel draufschlagen, aber dazu sind Sie zu feige! Es grüßt Sie ein aufrechter Deutscher.« (Rot und dick unterstrichen.)

Da haben wir ihn wieder, den aufrechten Deutschen mit seinen hingeschossenen Ausrufungszeichen und seiner Kraftsprache und der unverbrüchlichen Treue zu seiner Überzeugung, die er sich zugezogen hat wie eine Krankheit.

Manchmal habe ich mir gewünscht, einem solchen Briefschreiber zu begegnen und ihn in aller Ruhe fragen zu können, was ihn dazu treibt, solchen Schwachsinn abzusondern.

Spitzenreiter meiner umfangreichen Sammlung ist ein schmutziger Zettel, der in meinen Briefkasten geworfen wurde:

»Demnächst wird das Familiengrab Hildebrandt im Südfriedhof verwüstet werden! Wir edlen Deutschen müssen verhindern, daß ein irrsinniger Rassist, ein Hetzer, in unserer Heimaterde begraben wird.« Anonym.

Die Leute müssen sich austoben, das sehe ich ein, und hie und da provoziere ich sie auch, es fällt also gerechterweise auf mich zurück. Würden die von ihrem Zorn so gebeutelten Menschen derartige Leserbriefe schreiben, würde man sie nicht drucken, also müssen sie ihre orgiastischen Wutausbrüche direkt an mich adressieren. Die bange Frage ist nur: Wenn sie auf meine im Stil gemäßigte Meinungsäußerung schon derartige Rumpelstilzausbrüche haben, was machen sie dann zu Hause mit Frau und Kindern?

Sie betonen immer wieder, daß sie angemessen reagieren, Gleiches mit Gleichem vergelten, weil sie so anständige Deutsche sind, daß aber auf einen groben Klotz … wie war das jetzt?

Ich möchte wetten, daß ich das vor zehn Jahren noch gewußt hätte, jedenfalls gehört da auch was ganz Grobes drauf. Auf den Klotz.

Eine Motorsäge oder so was.

Mich brüllte einmal ein SS-Ausbilder im in Polen gelegenen Wehrertüchtigungslager Schieraz an: »Ein falsches Grinsen, du dummes Stück Scheiße, und du kannst dir deine Schneidezähne einsammeln!«

Die Verhältnismäßigkeit der Strafanwendung drückte sich auch bei der allnächtlichen Strafexpedition der volltrunkenen »Ausbilder« aus. Nachts um halb drei mußte ich einige Male wegen mangelnder Zackigkeit auf Knien den langen Korridor entlangkriechen und dabei brüllen:

»Wacht auf, ihr alten Knochen,
hier kommt ein Arschloch angekrochen!«

Wir sollten hart werden, denn wir waren ja schon 15 Jahre alt.

Kommen die Diskussionen auf die mangelnden Angemessenheiten deutschen Verhaltens in der Geschichte

– (vielbelachter Scherz in unserer Baracke von einem begabten Hitlerparodisten aus Breslau: »Volksgenossen! Polen scheißt auf uns! Ab sechs Uhr morgens wird zurückgeschissen!«) –, kommt sofort der Hinweis auf die viel größere Radikalität der Juden. »Auge um Auge, Zahn um Zahn.«

Der Unsinn wird immer noch erzählt und immer noch geglaubt.

Journalisten der Zeitungen mit schlichtem Inhalt, beispielsweise der Wiener *Kronenzeitung*, wärmen es bei allen sich bietenden Gelegenheiten auf. In der erwähnten Zeitung schrieb ein Mann unter dem Pseudonym »Staberl«. Ob er noch schreibt, ob er überhaupt noch lebt, weiß ich nicht, jedenfalls hat er sein Schreibeleben lang seine österreichischen Leser aufgehetzt, mit verquollener Argumentation und perfider Kleingärtnerphilosophie den »Kleinen Mann mit dem gesunden Menschenverstand« vorgestellt, einen Herrn Karl, den nicht einmal der Qualtinger so eklig hätte spielen können.

Was er unter gesunden Menschen verstand, waren krankhafte Patrioten, neurotische Ausländerhasser und Quatschköpfe, die von jüdischen Verschwörungen der Wallstreet weiterfaseln. Man hat den tapferen Hausmeisterpoeten einmal zu einer Talk-Show in den ORF gelockt, wo er sich sofort zum Sprachrohr der Beleidigten und Geschundenen ernannte, allen anderen das Wort abschnitt, einen Haufen von Platitüden aufschichtete und darauf herumgockelte.

Schade, haben wir gesagt, die wir das in München mit ansahen, das wird schlecht ausgehen.

Dann aber kam er, wie nicht anders zu erwarten, zu

seinem Thema: Man sei als unschuldiger österreichischer Bürger von den Nazis einmarschiert worden, wie die Griechen, Jugoslawen, Polen, und sei danach der ungerechtfertigten jüdischen Rache ausgeliefert gewesen. Aber, man habe es kommen sehen, meinte Staberl, das stehe ja auch im Alten Testament, nämlich: »Auge um Auge, Zahn um Zahn.« Rache! Mit anderen Worten: Es handelt sich hier um die grausamste Religion der Welt.

Wenn mich nicht alles täuscht, erwähnte er noch den Shylock im *Kaufmann von Venedig*, der ja, setzte er triumphierend hinzu, dem Antonio mit dem Messer das Herz herausschneiden wollte, und lehnte sich zufrieden zurück.

Nun hatte man aber listigerweise zwei junge Juden eingeladen. Österreicher, keine Israelis.

Die beiden jungen Herren, Theologiestudenten, erklärten ruhig und gelassen, was es mit dem Wort »Auge um Auge, Zahn um Zahn« auf sich hat. Ob sie das immer wieder vorgebrachte Mißverständnis ausräumen konnten, weiß ich nicht.

Dieser Satz meint, so sagten sie, die Angemessenheit der Mittel. Talion, sagten sie, sei ein alter Strafrechtsgrundsatz. Schlägst du mir einen Zahn aus, schlage ich dir auch einen aus. Nicht den Kopf ab.

Schlägst du mir ein Auge aus, schlage ich dir auch eins aus. Aber nicht beide.

Wenn man viele Jahrhunderte verhetzt, von fanatischen Priestern und vom Himmel heruntergestoßenen Sturzkampf-Mönchen niedergekanzelt worden ist und dann noch von einem wachsenden Gesinnungspöbel in die braune Pfanne gehauen wurde, dann verbiegen sich die Angemessenheiten der Mittel.

Die Staberls haben einen großen Anteil an der allgemeinen Weigerung, ein kleines bißchen gescheiter zu werden.

Sie flöten die Neigungsnazis aus den Löchern.

Sollte der Herr Haider wirklich einmal den österreichischen Kanzlerstuhl verstopfen, wird ihm Staberl, sollte er noch leben, wie Seyss-Inquart entgegeneilen.

Es ist dennoch kein Grund zur Aufregung. Staberls hat es immer gegeben. Es muß nur in regelmäßigen Abständen immer wieder ein paar Menschen geben, die darauf hinweisen, daß diese Art von Journalismus leider eine große Zukunft hat. Die Presse und ihre Freiheit sollen unangetastet bleiben. Natürlich, aber manches schmerzt eben, was man zu lesen bekommt.

Und manchmal habe ich schon mit dem Gedanken gespielt, den Verursacher eines Artikels an seinem Schreibtisch aufzusuchen. Schon um zu erkennen, wie dieser Mensch überhaupt aussieht!

Wer von den Damen und Herren bei Burdas buntem Hechelmagazin ist wohl auf die Idee gekommen, mir vorzuwerfen, ich hätte mich nach dem Tode meiner ersten Frau Irene sehr früh getröstet. Schon nach eineinhalb Jahren!

Na schön, man schüttelt sich einmal und hat es vergessen.

Wirklich? Nein, nicht wirklich. So etwas trifft mich, so etwas behalte ich, denn ich bin keinesfalls großmütig.

Ich möchte den oder die Verursacher sehen und ihnen ein Bier über den Flachkopf schütten. Ich kann mich unglaublich ärgern. Das macht mich so unüberlegt.

Ganz dumm ist das, ich weiß.

Die Pointe ist meine einzige Waffe, und die sollte auch noch lässig lächelnd fallengelassen werden. Wie damals, als Burda noch in Offenburg residierte und dort die gesamte Stadt beherrschte, hatte ich es wohl getroffen mit der Bemerkung, die Stadt sollte in Zukunft Burdapest heißen.

## WIE FREI IST DER JOURNALIST?

Diese Frage bekomme ich immer zu hören, wenn ich die ganze Last der Verantwortung auf die Schreibenden wälze. Jaja, ich weiß ja, daß audiatur geübt werden muß, auch dem altera pars gegenüber, daß nicht jeder, der den ersten Stein werfen will, in diesem Moment auch einen hat, und der, der zuletzt lacht, das nur tut, weil er einen Blackout hatte, und daß recht haben wollen ekelhafter ist als unreine Haut mit Mundgeruch, will ich ja auch gar nicht. Ich weiß auch, daß ich Journalisten kenne, die behaupten: Man muß nicht schreiben, was man nicht will. Man kann es auch lassen. Ich glaube einfach nicht, was ein sehr guter Freund von mir, der wie ein Bruder zu mir ist, mir weismachen wollte, daß er als Journalist seinem Ethos gemäß verpflichtet wäre, es seiner Zeitung mitzuteilen, wenn er wüßte, daß ich eine Geliebte habe.

Ich fragte ihn zurück, ob er sich vorstellen könne, daß bei der Ohrenbeichte eines Ministerpräsidenten ein *Stern*-Reporter nach vorheriger Zahlung eines hohen Betrages für die Renovierung des Kirchendachstuhls unter dem Gewand des Beichtvaters sitzt?

Es ist noch nicht vorgekommen, antwortete er, aber

alles ließe darauf schließen, daß es schon versucht worden sei.

Kein Leser würde sich wundern, niemand etwas daran finden, alle es lesen, es vergessen und sich amüsieren, daß sich jemand darüber aufregen kann.

Der folgende Dialog ist aus der Luft gegriffen. Es gibt den Leser nicht, der in die Redaktion stürmt und fragt:

*Sind Sie »hrt«?*

Was?

*»hrt«. Ist das Ihr Zeichen? Ist das Ihr Artikel?*

Ach so. Jaaja. Was wollen Sie? Ich habe zu arbeiten.

*Finden Sie das originell? Überschrift:* SILBERBLICK VERRIET DEN LIEBESTOLLEN TÜRKEN.

Was kann ich denn dafür?

*Sie haben doch gerade gesagt, Sie sind »hrt«.*

Jaa. Bin ich auch. Aber das da ist doch nicht von mir.

*Sie haben gerade zugegeben, daß Sie diesen Artikel geschrieben haben.*

Na klar. Schon. Entschuldigen Sie, ich bin ein wenig nervös. Ich meine, die Überschrift ist nicht von mir.

*Was denn? Sie haben keinen Einfluß auf die Überschrift zu Ihrem Artikel?*

Nein. Dafür gibt es eine Überschriftenkonferenz, wenn ich das mal so sagen darf. Ist mehr 'ne Gipfelkonferenz. Würde ich zum Asylgesetz zornbebend schreiben: Kant hat den Innenminister zur Ordnung gerufen, stünde am nächsten Tag darüber: KANTHER AM KANTHAKEN.

*Warum lassen Sie sich das gefallen?*

Eine naive Frage, mein Lieber. Ich schreibe, und andere verkaufen. So ist das.

*Was haben Sie denn gedacht, als Sie das lasen:* SILBER-
BLICK VERRIET LIEBESTOLLEN TÜRKEN?

Nichts. Es kommt auf den Inhalt an, der war in Ordnung.

*Und Sie wollen ein freier Journalist sein?*

Mooment! Ich bin kein freier Journalist, ich bin ein
fester. Hier an diesem Blatt. Meinen Sie, da kann ich was
machen dagegen, daß irgendwelche Leute im Hause die
Überschriften machen?

*Ach so. Aber ein freier Journalist könnte schon was machen?*

Der schon gar nicht.

*Gut. Aber so frei sind Sie schon, daß Sie den Artikel so
schreiben können, wie Sie das so sehen?*

Selbstverständlich. Da redet mir keiner rein. – Es sei
denn der, über den ich schreibe.

*Ja, aber wie denn das? Es heißt doch immer, gegen die Presse
ist ein normaler Mensch machtlos.*

Ein normaler schon. Aber nehmen wir mal den Groß-
kaufmann Hudler...

*Was denn? Der kann Ihnen einreden, was Sie über ihn
schreiben?*

Ausreden, nicht einreden. Ausreden.

*Ja, aber ... der weiß doch erst nachher, was Sie geschrieben
haben.*

Nein, der weiß es vorher.

*Und von wem?*

Vom Verleger.

*Und von wem weiß es der?*

Der Verleger weiß alles.

*Von wem?*

Von allen Seiten. Und darum weiß es sofort der Hudler.

174

*Und warum sagt das der Verleger dem Hudler?*

Jetzt lache ich erst einmal, mit Ihrer Erlaubnis, und dann arbeite ich weiter, ja?

*Moment. Ich verstehe.*

Machen Sie nicht diese Bewegung von diesem Columbo, das macht mich nervös.

*Also der Hudler annonciert in Ihrem Blatt, davon lebt das Blatt, und der Verleger und Sie können schreiben, was Sie wollen?*

Richtig.

*Aber Sie können doch gar nicht alles schreiben, was Sie wollen, also sind Sie nicht frei.*

Wenn Sie das wollen, was Sie müssen, sind Sie frei.

*Hm. Ist der Chefredakteur der Zeitung frei?*

Völlig.

*Wem gegenüber?*

Den Journalisten.

*Und dem Verleger?*

Auch. Und zwar dann, wenn Chefredakteur und Verleger sich einig sind.

*Und wenn nicht?*

Dann trennen sich beide in bestem Einvernehmen.

*Aus gesundheitlichen Gründen.*

Woher wissen Sie?

*Der Chefredakteur geht also und findet sich einfach damit ab?*

Natürlich. Mit einer Million findet sich jeder ab.

*Wieso so viel?*

Bei weniger geht er nicht.

*Jetzt bleibt also der Verleger übrig, mit dem Geld, und ist frei.*

Najaa, wenn er eigenes Geld hat.

*Und wenn nicht?*

Kommt selten vor.

*Gibt's auch Verleger, die nicht frei sind?*

Natürlich. Viele sind verheiratet … oder stehen irgendeiner Partei nahe.

*Halt mal … heißt das, daß ein Verleger auch mit der ihm nahestehenden Partei gegen den Sponsor im Hintergrund, den Geldgeber, recht behalten kann?*

Recht schon. Aber nicht die Zeitung.

*Eine Partei ist also auch nicht frei?*

Doch. Wenn der Geldgeber von derselben Partei ist.

*Und wenn nicht?*

Dann, mein Gott, dann kann es immer noch sein, daß die Bank, von der der Geldgeber das Geld nimmt …

*Ich verstehe. Der Geldgeber ist also auch nicht frei.*

Doch. Wenn die Bank der Geldgeber ist.

*Das heißt, die Bank hat unbeschränkte Pressefreiheit.*

Natürlich nicht! Nur solange sie genug Geld hat … und wenn Sie jetzt fragen: Und wenn nicht?, dann haue ich Ihnen …

*Schon gut. Und wenn ja? Ich meine, wenn es stimmt, daß sie kein Geld hat?*

Dann können keine Zeitungen mehr gedruckt werden, Sie Arsch!

*Ach, bis dahin ist diese Demokratie sowieso schon im Eimer.*

Was? Nie im Leben!!

*Und wer soll sie retten?*

Die Presse!

# GUTEN MORGEN, ALTER!

Ich wache auf, fasse im Halbschlaf nach rechts, wo Renate immer liegt ... wo ist sie? Sie ist weg, ohne sich zu verabschieden. Hat sie mich verlassen? Gehen jetzt die Frauen auch Zigaretten holen und werden irgendwann einmal auf den Lofoten gesehen? Mit einem knackigen norwegischen Fischer?

Habe ich ihr gestern nicht richtig zugehört, als sie ankündigte, sie habe es satt, mit einem Mann zusammenzuleben, der alle drei Tage seinen Schreibspeicher verläßt, herunterkommt, um ihr mitzuteilen, daß er bei Seite 104 ist, und fragt, wer im Moment gerade an der Regierung ist?

Das kann nicht sein. Sie hat gestern abend ferngesehen. Sie hat sich fast zu Tode gelacht über eine Gesprächsveranstaltung oder Talk-Show, bei der drei 75jährige Männer ihre neuen Babies von ihren 20jährigen Frauen mit zitternden Händen in die Kameras hielten. Ich erinnere mich genau, was sie gesagt hat ...

Moment. Das war so ... Himmel, es war doch erst gestern abend.

Was habe ich denn getrunken? Rioja. Naja, da muß man einräumen, daß das ein Arbeitstrinken gewesen ist.

Ich liege jetzt um 9 Uhr 30 im Bett. Das ist nicht normal. Wie bin ich reingekommen? Würdig oder mit diesen Augen, von denen Renate sagt, sie hätten Ähnlichkeit mit denen irischer Dichter, die Whisky wie Faßbrause trinken.

Vielleicht ist sie gleich heute nacht zu unseren Freunden gezogen?

Nee, der Mann war ja Teilnehmer an dem Arbeitstrinken. Vielleicht sind die Frauen auf den Lofoten?

Sie saßen beide ziemlich arbeitstrinkfeindlich vor dem Apparat und haben gelacht über Männer, die geringfügig älter waren als ich.

WUSSOW!

Da haben sie gelacht. Die Frauen. Und sie haben gesagt: »Putzig! Der Wussow erzeugt seine eigenen Urenkel. Und aus den Kinderaugen steigt die bange Frage auf: ›Opa, bist du wirklich mein Papa?‹«

Oder war das vorgestern?

Halt, es lichtet sich. Auf dem Küchentisch liegt ein Einkaufszettel! Das heißt zunächst einmal, sie kommt wieder.

Das Telefon klingelt.

»Ja?« Kurz, knapp. »Ja?«

Der drüben will wissen, wer am Apparat ist.

Rückfrage meinerseits: »Wen haben Sie denn angerufen?«

Drüben hängt ein.

Hat es nicht geläutet? Ziemlich energisch sogar. Die Post?

Jetzt bummert's an der Haustür. Unverschämt!

Der Stromableser. Netter Mann. Ich entschuldige mich. Er war angemeldet.

Es klingelt oben. Renates Telefon. Ich habe jetzt keine
… es klingelt wieder. Ich gehe hoch. Es klingelt nicht
mehr.

Aber irgendwas tutet. Unten. Im Keller.

Der Trockner.

Der Stromableser ruft aus dem Keller: »Ihr Trockner
tutet!«

Ich will runter, der Stromableser ist fertig und will
rauf. Der Treppengang ist zu schmal.

In dem Moment fällt es mir ein. In zehn Minuten
sollte ich Renate beim Friseur abholen. Ich brauche aber
15 Minuten.

Ganz oben, in meinem Arbeitszimmer, klingelt das
Telefon. Ich sause, während ich mir den Mantel anziehe,
hinauf, es meldet sich ein Mensch und will mir erklären,
warum er in Mecklenburg ein Satirefestival … der
Stromableser braucht meine Unterschrift, das Paketauto
ist da, und das Faxgerät kündigt einen langen Bandwurm
über die Hintergründe des Hungerstreiks in Savambo
an, der Paketbringer will 2 Mark 30. Das Kleingeld ist in
der Hose von gestern, die ist oben. Es trifft sich gut.
Denn oben läutet das Telefon. Renate ist dran und fragt,
ob ich denn ganz vergessen hätte, daß sie mir heute morgen um 8 Uhr 30 …

Glück breitet sich in mir aus. Sie ist nicht auf den
Lofoten.

Ein ohrenbetäubendes Geräusch aus der Küche. Der
Dreitonwasserkessel meldet: Wasser heiß! Ach ja. Im letzten Moment wird mir klar, daß ich damit nicht die Blumen gießen wollte.

Das Zerstreuteste an Zerstreutheit habe ich Renate

noch gar nicht gebeichtet. Wir haben zwei Telefonan-
schlüsse, einen für Renates Berufsgespräche und einen
für die meinen. Man wählt manchmal, weil man mit den
Gedanken verreist ist, eine Nummer, die immerwährend
im Kopf herumliegt, und stellt beschämt fest, daß es die
eigene ist, nachdem sie dauernd besetzt war.

Mir ist etwas Putziges gelungen. Ich wählte die Nummer von Renate, hörte eine Treppe tiefer das Telefon läu-
ten, legte meinen Hörer hin, ging runter, meldete mich
und schimpfte auf den, der da angerufen hat und sich
nicht meldete.

Renate ruft wieder an und fragt noch einmal, ob ich
denn vergessen hätte, daß sie mir heute morgen um 8
Uhr 30 …

»Jaahaa!« rufe ich fröhlich, »ich komme!«

»Nein!«, und jetzt ist sie fast unwillig. Ob ich denn
vergessen hätte, daß sie mir heute morgen um 8 Uhr 30
gesagt hätte, ich solle sie nicht abholen, weil sie mit dem
Auto fahren würde, da sie anschließend noch zwei Ter-
mine …

Aha.

Und da sehe ich durch das Fenster die Müllabfuhr
herannahen. Um Gottes willen!

Vor einigen Tagen hatte ich mir fest vorgenommen,
das neue Müllsammelsystem zu erlernen. Ein Prospekt
liegt auf dem Tisch. Die Stadt hat sich so große Mühe
gegeben. »Abfalltrennen leicht gemacht.«

Papier zu mir! Und Bio hier!

Erst hatten wir zwei graue Tonnen. Jetzt haben wir
eine blaue, eine braune und eine Restmülltonne. Und
schwupps habe ich die Restbiosachen und den Papier-

müllhygienemüll und den halben Zentner Faxmüll und den Zentner Werbemist, der aus den Zeitungen fällt, mitsamt den Zeitungen ...

»Haaalt!!« hat der Nachbar gerufen. »Faalsch!«

Schräg gegenüber sah ich ihn bis zum Bauch in der blauen Tonne hocken und beschichtetes Papier aussortieren, das er reingeschmissen hatte. Das aber gehörte in eine Bündelsammlung, und die gehört in die Wertstoffinsel, und der Rest vom Kabeljau darf nicht in die Biodings, die Bücher dürfen bloß ohne Umschlag zum Papier, und Salate mit Öl müssen in die Resttonne, die mit ohne Öl in die braune, und die Sträucher müssen zum Häckselhof ... nein, die Steine sollen zum Wertstoffhof, und bei Wurstpellen weiß man nicht ... Eierschalen braun, Briefe blau, Knochen grau, und man selbst, so man nicht völlig durch den Wind gedreht ist, nicht in die Biotonne. Warten Sie auf den Häckseldienst.

Renate, komm nach Hause!

# WOHIN MIT UNS

Es kommt die Entsorgungsfrage von allen Seiten auf uns zu. Wir Älteren werden mit immer drohender werdendem Unterton auf die zunehmende Verweildauer auf dieser Erde hingewiesen. Früher war man eher tot. Jetzt verstopfen wir mit unserem langsamen Gang die Bürgersteige, mit unseren Rentnerfahrkarten die Züge und mit unseren peinlichen Krankheiten die Krankenhäuser.

Kürzlich sah ich im österreichischen Fernsehen einen Ratgeberbeitrag von Helmut Qualtinger aus den 50er Jahren und mußte feststellen, daß das Problem der Altlastenminderung offenbar damals schon eine Rolle gespielt hat. Er hielt einen weithin beachteten Vortrag über die Vertilgung des Ahndls in der Oststeiermark.

In der ersten Reihe des Publikums meine ich einen sehr minderjährigen Buben gesehen zu haben ... den Dings ... der in den letzten, für ihn sehr erfolgreichen Jahren sehr viel für die Ahndlreduzierung getan hat.

Man muß in der Tat etwas tun, aber das natürlich dezent und human. Die alten Menschen bei Kaffeefahrten und Weihnachtsfeiern mit Glühwein betrunken zu machen und sie dann mit dem Auto zu überfahren, hat hie und da doch unliebsames Aufsehen erregt.

Wir sind nicht mehr so natürlich und unbefangen wie vor 1500 Jahren, als man Menschen, die kein Fleisch mehr beißen konnten, erschlagen hat.

Im Gegenteil, man erfand die einsetzbaren Zähne, auf die ältere Menschen heute in ihrem übersteigerten Anspruchsdenken ein Recht zu haben glauben.

Vor einigen Tagen kam eine kurze Meldung aus dem … diesem Ministerium für Altlastenentschwemmung. Es wird daran gedacht, ihnen die Zähne wieder wegzunehmen …

SEEHOFER!

Warum setzt der Seehofer nicht Holzzähne durch? Viel billiger, und leicht in der Pflege. Man läßt sie lackieren.

Und wenn die Alten, besonders die Rentner, dann auch noch den Rest unserer Schulden aufgeladen bekommen und die Beiträge allein bezahlen (ohne die Arbeitgeber) und für die Renten Steuern, gibt's sowieso nicht mehr viel zu beißen.

Und die Kinder können die Holzdinger später mal auftragen. Nur ein bißchen umschnitzen, geht schon.

Wie das aussieht, ist egal, weil die Leute das gar nicht richtig sehen können. Die Kassen zahlen keine Brillenfassungen mehr. Nur noch die Gläser.

War ja zum Teil echt sozialer Mißbrauch, was die sich für Brillen gekauft haben! Kleine Leute, aber Brillen wie große Tiere. Früher kriegte man so eine Art Gasmaskenbrille auf die Nase gesetzt, und das war's.

So wird jetzt endlich wieder was in dieser Gesellschaft repariert, was völlig zerstört war: Die Unterschiede zwischen den Menschen. Es hat den Reichen ja überhaupt keinen Spaß gemacht, wenn man ihren Reichtum nicht bemerken konnte.

Man möchte mal wieder schiefe Hacken und abgewetzte Jacken sehen. Das ist alles schon auf gutem Wege. Jetzt noch hier ein bißchen hetzen und da ein bißchen, dann die Jungen auf die Alten ...

In Deutschland geht das. Als die Stimmung vorübergehend schlecht war wegen des Vorschlags, die Renten zu besteuern, hat eine Münchner Zeitung sechs Menschen auf der Straße dazu befragt: einen Taxifahrer, einen Beamten, eine Schülerin, einen Lehrer, eine Krankenschwester. Fünf waren wütend und dagegen. Nur der sechste war dafür. Er war Rentner: »Jeder von uns muß Opfer bringen.«

Es wimmelt natürlich von klugen Menschen, die zu diesem Thema alles wissen, alles sagen, bedeutungsvolle Sätze aus dem Ärmel schütteln. Das rattert und schnattert und thatchert und reagant und schillert und seiert und maiert und müllert und sabbelt und babbelt. Am Schluß aber sagt jeder diesen ernsten, bedeutungsvollen Satz: »Die Zeiten des Sozialstaates sind vorbei.«

»Einen Sozialstaat in dieser Form können wir uns nicht mehr leisten.«

»Das eine müssen wir wissen, der Sozialstaat ...«

Jaaa!

Langsam möchte ich wissen, was für einen anderen Staat wir uns leisten können.

Das Soziale können wir uns also nicht leisten. Das Unsoziale schon. Kann man wohl so nennen, wenn eine Staatssekretärin aussteigt und in die Wirtschaft einsteigt, also von einem sehr gut bezahlten Job sofort, quasi innerhalb von zehn Minuten, in den nächsten sehr gut bezahlten eintaucht und dann – wie damals Gerold Tandler von der bayerischen Staatsregierung hinauf zu Linde –, ein »Übergangsgeld« erhält. Wenn mich nicht alles täuscht, waren es bei Tandler um die 150000 Mark.

Von diesen beiden Personen hat eine aus dem Druck des Anstands auf das Übergangsgeld verzichtet.

Und wie ist es denn mit den Parlamentarischen Staatssekretären, die einen völlig unnötigen, aber teuren Job bekleiden. Abschaffen? Um Gottes willen. Erstens, was das wieder an Übergangsgeldern kostet, und zweitens braucht man diese Einrichtung für gekränkte Parteifreunde, die nicht Minister werden konnten.

In München gehört die Unterbringungspflicht für Parteifreunde zum guten Ton. Dem Regierungschef unangenehme Kabinettsmitglieder landen sehr oft auf den Vorstandsstühlen der Münchner Großbanken. Mit höheren Bezügen. Vom Bankwesen müssen sie nichts verstehen. Sie müssen nur fehlerlos ihr Gehalt zählen können. Und natürlich die Übergangsgelder. Leistung soll sich immer wieder lohnen.

Der Staat muß sich was leisten. Wir wollen nicht kleinlich sein. Sonst wird der Politiker gar noch korrupt.

Was ich schon immer mal sagen wollte: Auf Dauer können wir uns diesen Sozialstaat nicht mehr ... und so weiter.

Ich sehe schon, der Tag wird kommen, an dem ein junger knackiger Cabriolümmel anhält und mich anschreit: »Mensch, Opa, du ziehst ja 'ne Kalkspur hinter dir her. Ich kann mir dich nicht mehr leisten!«

Was mache ich dann? Dann hole ich meinen Generationenvertrag heraus … Nein, den Teufel werde ich tun. Wenn ich einen Jungen sehe, sage ich sofort: »Entschuldigung, ich bezahle alles selbst!« Und dann haue ich ihm eine runter … auf eigene Rechnung.

Zuerst frage ich natürlich meine Krankenkasse, ob die den Arbeitsausfall zahlt. Wenn ich überhaupt noch etwas von ihm zu hören bekomme … ich höre kaum mehr etwas. Es ist soweit. Sie haben es geschafft. Der Drummer von den Toten Socken, oder wie die heißen, hat mir gesagt: »Mach dir nichts draus. Ich höre schon lange nichts mehr. Niemand hört mehr was, glaube ich. Es gibt keine musikfreie Zone mehr.«

Und weil sie so schwer hören, die Musiker, ist sie so laut, die Musik.

Der schwerste Musikterror ist im Supermarkt. Ich gehe schon geduckt rein, schon hat mich der Sound von diesen Bubidilettanten mit diesen dämlichen Texten erwischt, aber wenn das abbricht, habe ich noch mehr Angst vor diesen Supermarktschreiern mit den schlecht eingestellten Mikrofonen, und die wollen mich förmlich reinschreien in die Sonderangebote zwischen Rinderhack und Halsgrat vom Schwein und das neue Menü für den lieben Hund mit argentinischem Kaninchenragout und bumms, kommt schon der neue Musikangriff, und ich denke mir, es muß inzwischen noch mehr Heinos geben, und dann werden die Staulängen an den Kassen bei Aldi und Tengelmann durchgebrüllt … und dann die ganz böse Masche. Ein freundlicher Herr erzählt mir: »Meine Damen und Herren. Für unsere Kunden haben wir heute morgen noch einmal die Feile an die Preise gelegt. Jeans aus alten Ostbeständen für nur 19 Mark pro Bein!«

Und darüber die Musik, daß die Ohren abfliegen, und darüber wieder die Stimme: »Wir sind heute ganz böse mit unseren Preisen! Die Diätleber für den vierbeinigen Feinschmecker 3,65 Mark!«

Aber ich ahne, es war noch nicht der Rest, den sie mir geben wollen, denn die Musik bricht mit einem ohrenbetäubenden Crescendo ab, und die triumphierende Stimme schreit: »Wir hassen unsere Preise! Deshalb haben wir soeben unseren Preisgestalter erschossen!«

Gewaltig setzt das Ave Maria ein. Gesungen von den Drei Tenören.

## DENN SIE WISSEN,
## WAS SIE NICHT TUN

Sie, die an den Schalthebeln herumhebeln, daß das
Traumtänzerschiff Deutschland schon Scylla gerammt
hat und jetzt auf Charybdis zusteuert … na schön, das ist
ein sehr bemühtes Bild, aber wir sind nun mal seit Bismarck an dieses Schiff gewöhnt, von dem der Lotse und
hinter ihm die Ratten und der Rattenschwanz der
Nicker und Bücker von Bord gehen, von denen Heiner
Geißler *nicht* gesagt hat, daß sie den Schwanz nur zum
Einziehen haben. Aber geschaut hat er so.

Man kann ihnen allen nicht unterstellen, daß sie nicht
wissen, wohin die Reise geht. Das hieße ja, man könnte
glauben, sie seien ihren hohen Aufgaben nicht gewachsen. Prognostiker, Spezialisten, geniale Experten haben
immer vor der Sicherheit derer gewarnt, die meinten,
dieser Kapitän brauche keinen Lotsen. Plötzlich kamen
die Kritiker gelaufen und forderten ganz aufgeregt, man
müsse den Kapitän von der Brücke lotsen.

Das Spiel ist albern, durchschaubar und hundsgemein.

Im Moment will niemand etwas tun, weil alles falsch
sein könnte. Abwarten und ablenken. Ladenschluß-
scheiße, Sonntagssemmeln, Rentner veralbern und die
Kommunistenangst wieder aufpäppeln. Und sonst vor-

läufig mal gar nichts tun. Und sie wissen, was sie nicht tun, und der Herr wird es ihnen nicht vergeben. Und von Bord gehen will keiner.

Wenn sie nur die Stimmung nicht unterschätzen. Gestern in einem großen Kaufhaus erfuhr ich von einem seufzenden, singenden Schmalznudelverkäufer:

> Arrivederci Claire
> vergessen fällt so schwer
> ich liebe dich noch sehr
> wie damals nachts am Meer ...

Ich spürte, daß zwischen Kunden und Verkäufern Spannung herrschte. Vor ein paar Monaten war das noch anders. Ging man in die Kassettenabteilung, tauchte sofort jemand auf, fragte nach Begehr und Bedarf, war für einen Scherz zu haben, brachte einen zur Kasse und sagte »Grüß Gott!« zum Abschied. So war es im ganzen Hause.

Jetzt warteten Renate und ich zunächst einmal, daß jemand käme und freundlich fragte: »Darf ich Ihnen helfen?«

Es dauerte etwas, dann immer länger, wir räusperten uns vorsichtig. Daraufhin sagte die Dame beim Ordnen von irgendwas: »Sie sehn doch, was hier los is!«

Wir: »Oh, Verzeihung, wir wollten eigentlich nur ...«

Sie: »Des will jeder!«

Wir (schon leicht gereizt): »Haben wir Ihnen irgendwas getan?«

Sie: »Wann's Eahna net paßt, gehn S' halt woanders hin. Aber täuschn S' Eahna net ...«

Wir hatten schon abgedreht, doch sie grummelte

noch hinterher: »Früher warn's noch Leut, heut is es a Gsindel.«

Sich zu beschweren wäre sinnlos gewesen, denn der Abteilungsleiter hatte uns gerade umgerannt, ohne sich zu entschuldigen. Er war allein mit einer einzigen Verkäuferin.

Als ich wagte, in perfektem Bayrisch »Öha!« zu sagen, fuhr er mich an: »Stehn S' halt net so rum.«

Um den Ärger mit einem Glas Wein hinunterzuspülen, fuhren wir in den Keller. An einer Bar rumpelte ein schwitzender Mann herum, warf schmutzige Teller in die Maschine, schaute, ob die Scampi fertig waren, nahm einem Gast das Geld ab, mußte ans Telefon, schnautzte einen anderen Gast an, der bestellen wollte: »Sie missen warten, bittää. Zählen Sie meine Hände: eins, zwei!«

Zu diesem Zeitpunkt hatte Renate schon diese Augen, die Reisig entzünden können.

Es hat keinen Sinn, über Schuldige nachzudenken. Weder das Personal noch die Kunden haben eine Chance gegen die Verschlankungsprofiteure. Wo früher fünf gearbeitet haben, ist einer allein überfordert.

Jeder eingesparte Arbeitsplatz ist bares Geld.

Geht man in die großen Hallen, in denen früher Hunderte von Arbeitern die Autos zusammengebastelt haben, sieht man hie und da noch den Schatten der Weißmantel-Watchers, alles andere tut sich von selbst. Das erleichtert den Autoherstellern die Schwierigkeiten, die sie früher mit ihren Fließband-Menschen hatten.

Die sind dort, wo sie hingehören, nämlich zu Hause, und sind ihren Frauen ausgesetzt, und diese wiederum der schlechten Laune ihrer Männer. Daraus entwickelt sich selten Liebe, und außerdem besteht der dringende Verdacht, daß Arbeitslosigkeit über den Verlust des Selbstwertgefühls zur Impotenz führt.

Wer darüber lachen kann, soll es tun, soll sich den ganz Überlegenen anschließen, die amüsiert eine moralische Attitüde mit der Bemerkung abtun, daß jegliche Arbeit heute zwangsläufig zur Abschaffung von Arbeitsplätzen führt und daß man das doch langsam begriffen haben müßte. Jeder Witz darüber, sagen sie, ist besser als die blöde Frage, wohin das führen könne.

Der Staat kann sich nicht mehr um jeden faulen Sack kümmern. Wer nichts lernen will, ein Bein zu wenig, ein zu kleines Hirn oder irgendeinen anderen Geburtsschaden hat, für den heißt es: zurückbleiben! Per Anhalter durch das Leben zählt nicht mehr. Man muß schon selber mobil sein.

Solch eine Gesellschaft entwickelt sich von selbst. Das kann man abwarten. Und deshalb wissen diese Zyniker, was sie *nicht* tun.

## WER BEZAHLT DAS?

Zum Nachtrag eine ganz kleine Geschichte, die ich in Hamburg erlebte. Es ist schon eine Weile her, und möglicherweise haben sich die Verhältnisse wegen der Subventionsstreichungskommissionen schon verändert. Aus Erfahrung weiß man aber, daß es bei Streichungen ganz verschiedene Geschwindigkeiten geben kann. Weihnachtsgelder für die Arbeitnehmer werden oft sehr schnell gestrichen, Texte für Sendungen sind manchmal schon gestrichen, bevor sie geschrieben wurden, Kilometergelder für Pendler im unteren Arbeitsverhältnis wurden so rasant gestrichen, daß die Betroffenen zu Hause losfuhren und es noch gar nicht wußten, als sie ankamen. Andere Streichungen brauchen Zeit.

Die Chefredakteurin einer Hamburger Gazette, »Besser Kauen« oder »Feinschmeck« oder so ähnlich, hatte mich freundlicherweise zu einem Interview am Teller eingeladen. Großzügig bat sie mich in das, wie man mir sagte, beste Fischrestaurant Hamburgs.

Als ich es betrat, sah ich an den zehn Tischen des höchst gepflegten Restaurants außer meiner Gastgeberin keine einzige Frau. Sämtliche Tische waren von dunkel bis düster gekleideten Herren umsessen, die sich angeregt unterhielten, wobei Zahlen eine wesentliche Rolle spielten.

Als ich meiner Gastgeberin diese Beobachtung mitteilte, lächelte sie nur und meinte, es handle sich hier zumeist um sogenannte Arbeitsessen. Dafür, sagte ich, hätten sie doch alle ihre Kantinen. Der Scherz wurde nicht in die Wertung aufgenommen.

Dann trat der *Herr* Ober an unseren Tisch, einer jener Herren, wie ich sie seit meiner Kindheit liebe. Es sind Herren, die einen Frack besser tragen können als Schauspieler. Sie sind elegant, haben dieses verschmitzte Lächeln und eine gutgespielte Zuneigung dem Gast gegenüber. Sie sind selten geworden, aber es gibt sie noch. Sie erwecken Vertrauen, und sie erhalten es auch.

Unser Herr Ober reichte mir die Karte. So etwas hatte ich bisher nur in Wien erlebt. Die Höhe der Preise, meine ich. Allerdings handelte es sich in Wien um Schillinge.

Kein Gericht unter 50 Mark. Kein Wein unter 90.

Ich sah den Herrn Ober verschwörerisch an und fragte ihn leise: »Wer bezahlt denn das?« Er schaute sehr diskret einmal über die Schar der Gäste und sagte noch etwas leiser: »Niemand, mein Herr.«

## KRIEG DEN HÜTTEN –
## ALLES BESTENS BEI DEN PALÄSTENS!

Auf den deutschen Arbeiter ist kein Verlaß. Ein Auto-facharbeiter baut in seiner Freizeit billige Häuser, ein Bauarbeiter geht als billiger Installateur auf die Reise, repariert elektrische Leitungen bei sämtlichen Verwandten, kurz, er ruiniert die Wirtschaft und das Handwerk.

Die Herren der Bauindustrie fordern den Staat auf, diese Schwarzarbeit zu unterbinden. Manchmal hätte man auf ihren Baustellen rudelweise schwarz arbeitende Polen, Tschechen und Jugoslawen finden können, wenn nicht irgend jemand auf einer Amtsstelle gesessen hätte, der den Zeitpunkt der Razzia vorher genau wußte. Was das die Baufirmen kostet, weiß kein Mensch. Die Einsparungen bei den Schwarzlöhnen sind allerdings so groß, daß ein bißchen Schmiergeld immer drin ist. Man weiß es nicht – man schwört es.

Das Märchen, allen Ernstes im TV verbreitet, die schnell verschwindenden Trupps ohne Papiere würden von den Kranführern gewarnt, glauben sicherlich nur solche, die, wodurch auch immer, blauäugig sind.

Das kriminelle Potential in der Bauindustrie ist traditionell stark. Sicher ist nur, daß einer, der ganz oben sitzt, höher als der Kranführer, den Tatort im Griff hat. Hin

196

und wieder verschwinden ein paar Überführte im Gefängnis. Dort treffen sie so manchen, der angeblich auf die Bahamas gereist ist.

So etwas ist einfach Branchenpech. Das Wort »Bauvorhaben« drückt es ja aus: Leute, die einen Bau vorhaben, müssen Konkurrenten mit allen Mitteln in die Grube schubsen. Die einzigen Mittel, die sie anwenden können, um das ganz sauber zu erledigen, sind Schmiermittel. Wer plump und oberflächlich Bestechung dazu sagt, kennt das Wort »Investitionsanreiz« nicht.

Man kann das immer noch ein bißchen von der Steuer abschreiben. Bei der Härte, mit der heute um die große Beute gekämpft wird, ist es fast ein Wunder, daß nicht viel mehr Menschen in den Betonmischmaschinen gefunden werden.

Macht man Politiker in diesem unserem Lande aufmerksam: »Hallo, Herr Abgeordneter – Moment mal, Frau Staatssekretärin – Sie, Herr Minister! Ihr vergebt eure Großbauaufträge an Gangsterzusammenschlüsse, kümmert euch!«, dann kneifen sie alles zusammen, was zu kneifen ist, zucken nicht zusammen, nicht einmal mit einer Wimper, und meinen, es ginge alles mit *den* rechten Dingen zu, die man gemeinsam mit einer Mehrheit zur normativen Kraft des Faktischen erhoben hat. Heißt: Wenn sich ein Bauer beklagt, daß die Leute in seinem Ort quer durch sein frisch gesätes Land latschen, obwohl da kein rechtlich zugelassener Weg ist, erklärt die Gewohnheit, die Kraft des Faktischen also, den Acker zum Weg, weil es immer schon so war. Die Politiker haben es längst aufgegeben, die Preisabsprachen und andere gewohnheitsmäßig betriebene kriminelle Handlungen, speziell in der Bauindustrie, auf die Tagesordnung zu bringen. Die Bauträger spazieren ihnen auf der Nase herum.

Arbeitsplätze für deutsche Facharbeiter auf Baustellen zum Normallohn wird es in Zukunft nicht mehr geben. Dieselben Baulöwen, die, stellt man sie zur Rede, jede Schuld weit von sich weisen und mit dramatischem Unterton auf den eben viel zu teuren deutschen Arbeiter verweisen, der, sagen sie, zu fett, zu faul, zu urlaubsbesessen, dabei meistens krank ist, in Wirklichkeit schwarz arbeitet, dieselben Saulöwen äußern lautstark ihre Sympathien für härtere Asylgesetze. »Deutscher Schweiß soll deutschen Boden nässen.« Sagen aber kurz darauf, daß man sich deutsche Arbeiter nicht mehr leisten könne!

An der Bar kann man, nach dem Eintreten in die verstärkte Alkoholphase, lustige Zynismen aus ihnen herausholen. Ich schwöre, folgendes Gespräche mitgehört zu haben.

»Warum, so frage ich dich, konnten die Pyramiden oder die Akropolis, der Pergamontempel oder das Reichsparteitagsgelände überhaupt gebaut werden?«

»Du sagst es, mein Freund. Und das bescheuerte Colosseum! Kasseja nich glauben, dasse Griechen oder die verkommenen alkoholisierten Römer da ein Stein aufen aneren gessemmelt hätten!«

»Weil sie, mein Freund, weil sie Sklaven gehabt haben!«

»Sklaven! Jawoll! Die kriegten statt Lohn ein Schlach Essen ...«

»Hähähä, nich mal das. Statt'n Schlach Essen 'n Schlach auffe Birne!«

»Eben, und darum werden wir, mein Freund, eine Hauptstadt Berlin aufbaun, ohne daß ein Scheißberliner ...«

»Oder irgendein anneres deutsches Arschloch eine Hand anlegen darf für seine unverschämten Stundenlöhne ...«

»Jawoll! Unser Colossaleum und unser Reichsparteitagsgelände, wo unser Suezkanal mittendurch pyramidiert, bauen unsere neuen Slawen!«

»Sklaven!«

»Mein ich doch, du dummer Hund! Die Polacken, die Tschechinskys, die Jugosklaven. Und zwar für 4,50 die Stunde!«

»Die Griechen und die Römer und die Ägypter, die ham erst große Kriege gewinnen müssen, damit sie Sklaven gekricht haben, wir lassen die Welt in Frieden und haben trotzdestodennoch unsere Sklaven!«

## GEDÄCHTNIS IN KETTEN

Gemeint sind Gedankenketten. Manche kann man nach vorne, manche nach hinten verfolgen. Aus dem durchaus heutigen Gedanken heraus, daß die Prunksucht derer, die ihre Bonner Hütten in Berlin zu Palästen gestaltet wissen wollen, zu einem Schuldenberg führen könnte, der das Matterhorn verdunkeln würde, kann die Assoziationskette zum Anfang aller Bemühungen zurückführen. Potsdamer Platz heute? Derselbe vor acht Jahren?

Mauerbau 1961? Kennedy-Reuter, und der hat diesen Satz »Schaut auf diese Stadt!« *nicht* an die Architekten gerichtet, und weiter zurück zum 9. Mai 1945. Zwei Männer stehen auf dem Potsdamer Platz und sehen *kein einziges* ganzes Haus. Der eine von ihnen stößt den anderen an, zeigt mit einer weit ausholenden Gebärde auf die total zertrümmerte Stadt und stößt begeistert die Frage aus: »Ist es nicht herrlich?«

Es waren zwei Architekten.

In derselben Richtung bewegt sich meine Gedächtniskette. Rückwärts.

Berlin 1956 – Wonach riecht es hier? – Berlin 43 – Bomben – Flak – Flakhelfer – Oranienburg – Rütze ...

RÜTZE!

Ja! Unteroffizier Rütze! Ein großer Mensch in kleiner Verpackung.

Heimatflak – Heimat – Sitzengeblieben – Hilde – Hose.

Mit einer ausgeliehenen Hose fing es an, mündete in einen Betrug, den ich 1947 am Staat begangen habe, und endete in einer Nasenanalyse 1956 im U-Bahnhof Berlin-Uhlandstraße.

Ich will erzählen, wie alles begann.


## 1. Akt: Die Hose


Wir hatten sechzehn Fähnlein aufgestellt, Pimpfenfähnlein. Die marschierten täglich durch die Stadt. Die weit vor der Einheit marschierenden Fähnleinführer mochten es gern, so von ihren Mädchen gesehen zu werden. Hinter ihnen die wehenden Jungvolkfahnen, die auch ältere Zivilisten mit erhobenem Arm zu grüßen hatten. Fiel es einem vorneweg marschierenden sechzehn Jahre alten Schnösel auf, daß Menschen sich abwendeten, um die Fahne der Kinder nicht grüßen zu müssen, sollte er diese Menschen anbrüllen und sie an ihre nationale Pflicht erinnern. Es ist sehr oft passiert.

Für mich war dieser Marschierdienst seit zwei Jahren vorbei, denn ich war der »Spielschar« beigetreten. Wir veranstalteten Unterhaltungsabende mit Musik, Volkstanz und Laienspiel. Die kurzen Hosen, die wir dabei tragen mußten, waren uns ein Greuel, denn wir hatten beschlossen, erwachsen zu sein. Hosen mit Schlag, lange

Haare bis in den Nacken, schräge Musik, Zigaretten und der erste Alkohol, das waren die natürlichen Begleiterscheinungen unserer fortschreitenden Pubertät.

Am Nachmittag trafen sich die Gleichgesinnten auf dem »Bummel«. Man ging immer um den Marktplatz herum. Zwanzig-, dreißigmal. Bis die ersten Mädchen kamen. In Dreier- und Viererformationen. Eingehakt, kichernd und hochmütig.

Wir rannten so lange herum, bis wir das eine oder andere Mädchenbündel aufschnüren konnten, woraufhin sich dann Pärchen bildeten, die den Marktplatz verließen und in den umliegenden Anlagen verschwanden.

Ich war damals zum dritten Mal ganz ganz ungeheuer verliebt. Hilde hieß sie, und ich hatte höchstens zwei, drei Sätze mit ihr gesprochen. Sie kam mit zwei Freundinnen und ging wieder mit ihnen. Der Verdacht, daß sie wegen eines Klassenfreundes von mir kam, der aber durch sein Flirten mit anderen Mädchen anderweitige Interessen zu haben schien, bedrängte mich. Der Freund war größer, schöner und, was sehr wichtig war in dieser Zeit, ganz toll angezogen. Über tadellosen hellgrünen »Schlaghosen« trug er einen gelben »Staubmantel«. Es gab auf diesem Marktplatz nur diesen einen Traummantel. In unserer Klasse galt es als erwiesen, daß so ein phantastisches Kleidungsstück nur aus England oder Amerika kommen konnte. Wir anderen Kleiderkartenkulis kamen uns vor wie Vogelscheuchen. Ich hatte den Eindruck, als ob Hildes Augen, jedesmal wenn die kichernde Mädchen-Quadriga an uns vorbeirauschte, bewundernd an diesem blöden Staubmantel hängen blieben.

202

Eines Tages war es soweit. Meine Mutter eröffnete mir, daß sie die nötige Punktezahl auf ihrer Kleiderkarte gesammelt hätte, und nun könnten wir einen Anzug mit langer Hose für mich kaufen. Lieber Himmel, dachte ich, wenigstens das!

Es wurde ein gelbgrüner Prachtanzug, den ich, bei mäßigem Wetter, sofort auf den Bummel bringen wollte.

Erstens blieben Hildes Augen weiter am Staubmantel hängen, zweitens begann es zu schütten. Als es wieder aufhörte, waren meine Hosenbeine viel zu kurz, die Ärmel desgleichen.

Meine schönen Freunde hatten gut aufgepaßt. Sie erzählten am nächsten Tage in der Schule, sie hätten deutlich gesehen, daß mein Anzug förmlich geblüht hätte. Sie meinten, es wäre irgend etwas Grünes aus ihm herausgesprossen.

Ich dachte daran, welch wunderbare Anzüge mein Onkel hatte. Mein Onkel, obwohl schon ein älterer Herr Mitte dreißig, wohnte noch bei seiner Mutter, also meiner Oma. Onkel legte viel Wert auf schniekes Äußeres. Er war ein begehrter Junggeselle, hatte eine Fabrik, lieferte Rüstungszubehör.

Ich übernachtete zu dieser Zeit sehr oft bei meiner Großmutter. Der Junge, so teilte sie meinen Eltern mit, wäre soo kränklich, man könne ihm den morgendlichen langen Fahrradweg vom Dorf in die Stadt nicht zumuten. Und er hätte so viel zu arbeiten. In Wirklichkeit schwänzte ich den Unterricht, so oft es ging.

Hilde spukte mir im Kopf herum, und der Staubmantel. Besonders aber die Blamage mit dem eingeschrumpelten Anzug.

Von da an lieh ich mir Hosen und Jacken, auch Krawatten, heimlich bei meinem Onkel aus. Es machte Eindruck.

Lange hielt mein Glück nicht an.

Eines Morgens wurde unser Lehrer aus der Klasse gerufen. Danach wurde ich herausgewunken. Aufgeregt stand die Haushaltshilfe meiner Oma vor mir und sagte: »Der Walter braucht die Hose.«

Jäh fiel mir ein, daß ich am Abend zuvor eine wunderschöne schwarze Hose ausgeliehen hatte, die so einen glänzenden Streifen an der Seite gehabt hat. Es war die Smokinghose von Onkel Walter, und der sollte an diesem Vormittag zum Standesamt!

Die Hose war aber zu Hause im Dorf!

Meine Mutter wurde eingeweiht, sie fuhr die Hose mit dem Fahrrad in die Stadt, die Oma legte sie ihrem Sohn auf das Bett. Er hat nichts gemerkt.

Meine Mutter aber begann sich nun für mein Leben in der Stadt zu interessieren. Sie bekam heraus, daß ich höchst selten in der Schule erschienen war und so weiter und so weiter. Hilde war meine Katastrophe.

Ich wurde nicht versetzt in die 7. Klasse.

Der letzte Schlag: Der Staubmantel ging mit Hilde.


### 2. Akt: Der Held

Die Ferien drohten. Die Maßnahmen zu meiner Errettung aus der pädagogischen Talsohle wurden mir schriftlich mitgeteilt. Fünf Stunden täglich arbeiten mit zwei strengen Nachhilfelehrern. Eine Stunde täglich Überprüfung meines Wissenszuwachses durch den Vater persönlich. Zwei Tage in der Woche acht Stunden lang Arbeit auf dem Felde. Nicht der Ehre, sondern der Rüben. Kein Bummel, kein Fußball, keine unerlaubten Bücher. Kein Taschengeld. Vater sprach kein privates Wort mit mir. Mutter versuchte es heimlich.

Innerhalb weniger Tage veränderte sich mein schlimmes Schicksal. Man brauchte uns Schüler zur Verteidigung der Heimat gegen die anglo-amerikanischen Mordbomber. Wir durften an die Flakgeschütze in Berlin!

Was für ein Glück für einen, dessen Hosenaffäre durch die ganze Verwandtschaft gelaufen war. Der in der 6. Klasse hängengeblieben war. Er durfte nun feindliche Bomber vom Himmel holen.

Wir waren jetzt Männer! Wir rauchten ab sofort öffentlich. Der Himmel hing für uns voller Eiserner Kreuze.

Mit flotter Marschmusik wurden wir zum Bahnhof geleitet. Auf den Bürgersteigen weinende Mütter. Ansprachen des Kreisleiters, des Bannführers, des Schuldirektors.

Böse Blicke auf eine Mutter, die in eine Pause hinein ausrief: »Mein Jott, nu sind se mal grade raus aus'm Stimmbruch!«

Die Frau hatte natürlich auch uns gegen sich.

Irgendwann fiel uns auf, daß unsere höheren HJ- und DJ-Führer alle freigestellt waren. Sie blieben zu Hause und betreuten ihre Einheiten. Und auch unsere Mädchen, so vermuteten wir. Die Schweine blieben hier, und wir hielten den Kopf in den Bombenhagel, und wenn wir armen Hunde dann nach dem Endsieg zurückkommen würden, hätten sie schon Kinder miteinander gemacht. Aber den Ruhm behielten wir!

Der Staubmantel mußte mit nach Berlin. Das habe ich sofort notiert.

Wie sich später herausstellte, war das Mitmarschieren nach Berlin bei vielen eine unfeine Finte. Sie ließen sich bejubeln und beweinen und stellten dann ein paar Tage später in Berlin den Entlassungsantrag wegen diverser Krankheiten.

Unter uns jungen Leuten gab es plötzlich bemerkenswert viele Herzklappenklemmungen, Herzfaserabschabungen, Leistenbruchverdachte, Kopfnußentzündungen. Die Kranken verschwanden aus Berlin, wie sie gekommen waren, der Staubmantel auch. Die Vorstellung, daß der jetzt mit diesem wehenden Mantel über den Bunzlauer Bummel mit der Hilde im Henkel den Zivilisten markierte, war unerträglich.

Uns Dümmeren hat man ganz schnell beigebracht, daß man eine Ausbildungszeit grundsätzlich in der Waagerechten zu verbringen hat. Dazu kam, daß wir in Klamotten rumliefen, die unserer damaligen Vorstellung von einem eleganten jungen Herren heftig widersprachen. Diese dämlichen blauen Äppelklauerhosen, die klobigen Furchengängerschnürstiefel, die kurzen Haare – ein Bild des Jammers.

Noch heute verstehe ich nicht, wie jemand freiwillig seine Haare abschneiden kann. Nach dem erzwungenen Kahlschnitt sah ich im Spiegel eine Mischung aus Strafgefangenem und Todkrankem. Wer mir an die Haare will, will mir an die Würde. Als ich in den 60er

Jahren die ersten Langhaarigen sah, ging mir die Sonne auf.

Bis zum 23. November 1943 hatte ich eine schlechte Zeit in Oranienburg. Dann begannen aber die allnächtlichen Bombenangriffe auf Berlin. Der tägliche Exerzierdienst fiel aus – mit rechts um, links um, links schwenkt marsch und die ganze Abteilung halt –, weil wir die ganze Nacht in der Stellung am Geschütz verbracht hatten. Unser Leben hatte sich automatisiert. Bis um 19.30 Uhr saßen wir nach dem Geschützreinigen in mehreren Doppelkopfrunden zusammen. Punkt halb acht standen wir ganz ohne Alarm auf, legten in aller Ruhe unsere Übermäntel an und das Koppel um, nahmen die Gasmaske und den Spaten, und wenn wir damit fertig waren, kam der Luftalarm.

Jeden Abend. Auch sonntags. Auch Weihnachten, Silvester. Abgeschossen haben wir kein einziges Flugzeug. Wir waren gut ausgebildet an unserer Vierlingsflak. Ich war Kanonier Zwei, das heißt, ich mußte irgendwas, was mir Kanonier Eins, der das Rohr auf das Objekt lenkte, zurief, einstellen und dann auch etwas zurückbrüllen wie »K Zwo verstanden – eingestellt!« oder so …

So weit runter, daß wir sie hätten abschießen können, kam keine Maschine. Die waren meistens über den Wolken und schmissen das Zeug runter, und wenn alles brannte, flogen sie wieder unbehelligt zurück nach England.

Alle Menschen, die in Wilmersdorf oder Berlin-Mitte wohnten, hatten es schlechter als wir.

Wir langweilten uns. Das Versprechen, nämlich drei,

vier Stunden am Tage Unterricht zu bekommen, sollte
vermutlich auch gar nicht gehalten werden.

Eines Morgens begrüßte uns ein neuer Geschütz-
führer.


### Rütze

Unteroffizier Rütze aus Treptow, ein kleiner, alter, unglaublich krummbeiniger Krieger der letzten Reserve,
stand vor der Batterie und kommandierte mit einem uns
völlig ungewohnten leisen Ton. Nahezu beiläufig.

Rützes Vorgänger, der sich bei einem »Stillgestanden!«
schon überschrieen hatte, war wegen Schneidigkeit befördert worden. Zur Front. Rütze hatte man, trotz einer
früher erlittenen Verwundung, noch einmal rekrutiert.
Sein rechter Arm schien getroffen worden zu sein, denn
er legte beim Grüßen den Arm nicht voll aus, sondern
deutete den Gruß nur an. Angewinkelt. Er sprach ein
Berlinerisch, wie man es heute nur noch bei altgedien-
ten Ostberlinern entdecken kann, und wenn er »Rütze«
sagte, war ein kleiner S-Fehler dabei. Rüt-se. Unteroffissier Rüt-se. Seine Antrittsrede vor der angetretenen Einheit muß ungefähr so geklungen haben:

»Jungs, wir sind jetz ne Weile ssusamm, und ick will,
det wir uns jut vertragen. Exerssieren hab ick nich jerne,
und det übersseucht ooch keen Vorjesetzen, aba … det
an die Waffe, det is, wo ick sage, da muß det rummsen!
Det machen wa eenmal am Tach, und wenn et klappt,
Jungs, denn reden wa über die Welt und wie se zujrunde
jeht. Bloß so jesacht, verstanden? Bei det Kommandie-

ren müßt ihr jut zuhörn, weil ick hab wat mit die Stimme, aber wenn ihr bei »Rechts um« nich det Jejenteil macht, is et ja in Ordnung. Siehste, jetzt habt ihr schon mal jelacht, und det is jut fürn Endsieg …«

In dem Moment kam der Leutnant um die Ecke, 21jährig, blendende Erscheinung und intelligent. Rütze rief: »Aaachtung! Unteroffissier Rütse mit Zweites Jeschütz beim Jedankenreinigen … ick meine beim Waffenreinigen.«

Der Leutnant grinste, sagte »Weitermachen« und ging wieder.

Es hatte sich etwas geändert. In mir war plötzlich was locker geworden. Es war zum Heulen schön.

In der Nacht darauf standen wir, wie jede Nacht, an unserem Geschütz, rauchten und redeten. Über uns das gewaltige Brummen der Bomber, dann das Warten, wo die »Christbäume«, die Orientierungsmarken für die Bomben abwerfenden Maschinen, niedergingen. Die Frage, ob man drin war im Quadrat oder danebenlag, wurde erörtert, und nachdem klar war, man würde eine ruhige Nacht haben, sagte Rütze:

»Kinder, wenn ick mal so wat sage wie heute Nachmittach, müßter mir nich für voll nehm, wa? Ihr seid ssu jung für det, wat wir hier machen, ick bin ssu alt. Also passen wir jut ssusamm. Mir macht det jar nüscht aus, wenn ihr wat über mir erssählt. In mein Alter kann mir bloß passieren, wat sowieso kommt. Aba wenn wir Freunde werden wolln, wäret besser, wenn nich. Allet klar?«

Und wir, so leise, wie wir es noch niemals gebrüllt haben: »Jawoll, Herr Unteroffizier.«

Gegen drei Uhr nachts war Entwarnung. Geschlafen haben wir an diesem Abend in unserer Bude lange nicht. So einen wie Rütze hatten wir noch nie erlebt.

Unser Geschütz wurde nach kurzer Zeit das beste im Geschützexerzieren. Wir waren die schnellsten Rohrwechsler, am schnellsten gefechtsbereit und beendeten zuerst die Übungen.

Rütze rief, so laut er konnte: »Volle Deckung!«, und das war das Zeichen, ungesehen hinter den Hügeln zu verschwinden und uns an einem Punkt wieder zusammenzufinden.

Und dort erzählte uns Rütze, was er beruflich getan hat.

»Jungens, ick war Sargträger.

N'janz feiner Beruf, sag ick euch. Na wat denn! 'n janzen Tach im Frack! Is des nüscht?

Vier, fünf Mal am Tach mußte ick hin zu die Leiche. Klingelste, machst dein Diener und diss Beileid bei die Witwe mit dein traurigstes Jesicht, wat de druff hast, schiebst ihr dabei aber zielsicher uff die Seite und sachst leise, det man ihren Mann janz janz schön macht für den letzten Weg, und et soll ne Überraschung werden, damit se draußen bleibt. Weil, et kann sein, det die Oogen noch kieken. Mußte wat drufflegen, oder der Mund is offen, naja, da bindest de det Janze ssusamm, oder det eehne oder andre Haar will nich bleiben, wo et liejen soll, najaa, nimmste een kleen Nagel und kloppst et fest, und denn sieht der Olle wie neu aus. – Tja, sowat allet.«

Und dann, nach einem Seufzer: »Tja, Mann, scheener Beruf. Wenn der Krieg nich wär.«

Wir hatten drei russische Kriegsgefangene in der Stellung, die für Latrinenreinigung und ähnliche Arbeiten zuständig waren. Als Rütze eines Tages in unsere Baracke kam und uns dabei überraschte, wie wir ihnen Zigaretten zusteckten, was sehr streng verboten war, und einer »Achtung!« gebrüllt hatte und wir wie angewurzelt dastanden, hat er nur ganz normal und militärisch einwandfrei gesagt: »Weitermachen!« und ist auf seinen krummen Beinen abgezogen.

Rütze hat den Krieg überlebt.

Ein Wunder, denn er war eingeschriebenes Mitglied der Kommunistischen Partei.

Und sein rechter Arm war völlig in Ordnung.

Aber Sargträger war er, und aus Treptow.

### 3. Akt: Der Betrüger

Es wäre nie so weit gekommen, wenn es Hilde nicht gegeben hätte und den Staubmantel. Er hat sie übrigens nicht geheiratet.

Hilde ist Lehrerin geworden und allein geblieben. Der Staubmantel hat einen kleinen Lebensmittelladen im Westen. Und Hilde ist schuld, ohne ihr Zutun natürlich, an der Sache mit der Hose, und die Hose ist schuld an meinem Entdecktwerden und daß ich sitzenblieb. Und das war wieder der Grund dafür, daß ich 1946 zum Betrüger wurde.

Als ich damals, wir wohnten in Windischeschenbach/Oberpfalz/Bayern, meinen Eltern eröffnete, ich würde im März in die wiedereröffnete Oberrealschule Weiden gehen, und zwar in die achte Klasse, und im

April 1947 mein Abitur machen, starrte mich mein Vater an wie einen Geisteskranken und stammelte: »Äh, wenn mich die Erinnerung nicht verlassen hat, bist du doch damals in der Untersekunda hängengeblieben.«

Ja, das wäre schon richtig, meinte ich.

»Ja, aber ... du müßtest dann doch die Untersekunda nochmal, dann die Obersekunda und dann die Prima ... oder wie stellst du dir das vor? Das wären noch drei Jahre.«

Als ich ihm dann mitteilte, ich sei zur Schule gegangen und hätte dem Direktor Schroth mitgeteilt, ich sei in Schlesien in die achte Klasse versetzt und dann eingezogen worden, und er hätte mich anstandslos als 48. Schüler der Abiturklasse eingetragen, und in zehn Tagen würde das Ganze beginnen, wurde er blaß und fragte nur noch leise: »Und die Zeugnisse? Wir haben sie doch.«

Und ich: »Verbrannt, Vater, in den Kriegswirren verschwunden. Wir sind Flüchtlinge.«

Als ich es ein Jahr später tatsächlich geschafft hatte – man übte Nachsicht mit uns Kriegskindern –, war das Vertrauensverhältnis zwischen Vater und Sohn wiederhergestellt. Und mein Betrug ist heute bestimmt verjährt.

Ach, ich liebe Happy-Ends.


*Epilog: Die Nase*


Im August 1956 gastierten wir mit dem Studentenkabarett »Die Namenlosen« (Cordy Ritter, Gerhard Potyka, Klaus Peter Schreiner und Guido Weber) bei den »Berliner Stachelschweinen« in der Rankestraße. Nach 13 Jahren war ich das erste Mal wieder in Berlin.

Das Geld war knapp, 25 Zuschauer am Abend brachten die Taxikosten nicht zusammen. Wir fuhren U-Bahn und S-Bahn.

Dabei fiel mir etwas Merkwürdiges auf.

Woran lag es, daß ich beim Betreten der Bahnhöfe, das heißt beim Riechen der Bahnhofsluft, so etwas wie ein leichtes Glücksgefühl hatte? Meine Kollegen haben mich natürlich ausgelacht, denn es stank dort unten nach Dreck, Schweiß und besonders nach Urin.

Mein Glücksgefühl blieb, aber ich rätselte.

Beim nächsten Berlinbesuch stellte sich genau das gleiche Gefühl ein. Woran lag das? Viele Jahre später erst bin ich dahinter gekommen. Als Luftwaffenhelfer bekamen wir alle zwei Monate einen Kurzurlaub und durften nach Hause fahren. Dabei hatten wir zu beachten: Wurde, während wir noch auf der Fahrt zum Schlesischen Bahnhof waren, Luftalarm ausgelöst, mußten wir umkehren und zur Stellung zurück. Hatte man aber die erste Stufe des Fernbahnhofs erreicht, und der war besonders verpinkelt, durften wir abfahren. Die Züge fuhren dann besonders schnell und gern aus der Stadt hinaus.

Seitdem frage ich immer meine Nase, wenn das Hirn mich verläßt. Sie ist noch immer topfit und lacht mein Gedächtnis glatt aus.

## LANDSER DES LÄCHELNS

Als ich für kurze Zeit ein Landser wurde – Landser nannte man diese schlecht angezogenen, mit Waffen behängten Marschiertiere, die brav bis hinter Taganrog, bis zur Wolga und bis zum Eismeer latschten –, lernte ich Menschen kennen, die das alles überstanden hatten, zurückgejagt worden waren und nun in Bitterfeld, wo ich meine erste »Feindberührung« hatte, am Ende des Krieges, noch den Kopf durch-, das Bein weg- oder noch Wertvolleres abgeschossen bekommen sollten. Für wen eigentlich? Ich sah einen Feldwebel, sämtliche Eisernen Kreuze hingen an ihm, die Nahkampfspange, das Deutsche Kreuz in Gold, in einem Wald bei Beelitz/Brandenburg seine MP an einen Baum stellen, er war aus dem Berliner Kessel entkommen, und hörte ihn sagen, er hoffe, daß der Krieg für ihn endgültig zu Ende sei. Er wurde von einem jungen Leutnant auf der Stelle erschossen.

Die Wehrmacht hat geschossen. In den letzten Monaten des Krieges besonders intensiv auf die eigenen Leute. Generalfeldmarschall Schörners Feiglingsbeseitigungs-Kommandos haben standrechtliche Erschießungen von 16- und 17jährigen »Soldaten«, die in die falsche

216

Richtung liefen, vorgenommen. Soldaten sind potentielle Deserteure.

Ein paar Wochen nach dem Ende des Krieges saß ich mit älteren Landsern im Gefangenenlager Gardelegen zusammen. Sie erzählten – was in diesem Volke noch immer umstritten zu sein scheint –, daß diese Ehrmacht, diese Wehrmacht einen Vernichtungsauftrag hatte. Die nachrückende SS hat die »Verwaltung« der Überlebenden an sich genommen.

Sicherlich kann man der Wehrmacht eines zugute halten: Sie hat sofort erschossen – die SS hat gefoltert.

Weit auseinander sind sie nicht. Sie saßen, die Verantwortlichen, völlig zu Recht, auf den Anklagebänken in Nürnberg. Die Jodls und Models und Dodels und auch Keitels, alle diese Rotstreifenhosen, die ihre Soldaten in den Tod gebellt haben für diesen Gambler, der Europa ausgereizt hat, bis er zum Schluß nicht mehr die richtige Karte hatte.

Am Schluß dieses Krieges teilte sich die Welt in Versager, die Hitler nicht verhindert hatten, und Verbrecher. Die Versager durften am Schluß die Verbrecher aufhängen.

Wer in den Nürnberger Prozeßakten nachliest, kann heute, 52 Jahre danach, nicht auf die Idee kommen, dieser Wehrmacht, die in die europäischen Länder eingebrochen ist wie … ja, wie wer eigentlich? Hungrige Hunnen, aufgehetzte Mongolen, betrunkene Kosaken, Türken, Griechen? Oder alle zusammen? … kann nicht auf die Idee kommen, diesen Armeen, die alles zusammengeschossen haben, was sich im Feindesland bewegt hat – Gefangene, Partisanen, Frauen, Kinder, Greise,

Juden, Polen, Tschechen –, noch eine Ehre anzuhängen.

Natürlich haben viele Soldaten am Völkermord nicht teilgenommen. Sicher: Sehr viele deutsche Soldaten kamen nicht einmal in die Verlegenheit, morden zu müssen, und wehren sich nun verzweifelt dagegen, mit den Tätern in einen Topf geworfen zu werden, sie müssen aber, vielleicht beim zweiten oder dritten Nachfragen, zugeben, daß sie von all dem gewußt haben.

Es gibt mehrere Möglichkeiten, die Gemeinschaft, in der man lebt, zu verraten. Eine der übelsten ist, abzuleugnen, was sie verschuldet hat.

Besonders ekelhaft ist die Methode des Nachfolgestaates Bundesrepublik Deutschland, heute noch immer die Menschen, die damals die Konsequenz gezogen haben und die Armee verließen, als Ausgestoßene und Kriminelle zu behandeln.

Jede Tat, die den Krieg verlängerte, hat die Konzentrationslager länger erhalten.

Von Feigheit, wie deutsche Historiker schwatzen, konnte nicht die Rede sein, wenn ein Soldat sich entschlossen hatte, wegzulaufen, überzulaufen, sich zu verstecken. Er wählte zwischen zwei Möglichkeiten: entweder vom Feind erschossen zu werden oder von den eigenen Leuten, das dann aber mit Sicherheit langsamer und bestialischer. Und verstecken? Wer versteckte einen Deserteur in dieser Zeit? Der mußte auch ein Held sein.

Sie wissen nicht, wovon sie reden, die Herren Jäckel oder Baring, von den noch Unwissenderen ganz zu schweigen.

Natürlich haben wir jungen Spätkrieger darüber gesprochen, ob es nicht besser wäre, den »Haufen« zu verlassen. Keiner von uns war mutig genug. Wie feige müssen sich unsere Politiker vorkommen, die dieses Problem, das eigentlich gar keins sein dürfte, so viele Jahre nach dem Kriege noch immer vor sich herschieben, nämlich die Ehre des mutigen Deserteurs zu retten, nicht die der Befehlserfüller in einem Vernichtungskrieg.

Bis zu dem Tage, als der zu unpopulären Gedanken stets neigende Reemtsma auf die Idee kam, die Wanderausstellung »Vernichtungskrieg. Verbrechen der Wehrmacht 1941 bis 1944« auf den Weg zu schicken, war der feldgraue Landser immer der Befreier der von den Bolschewisten unterjochten Völker, wurde mit Jubelstürmen und Blumenbergen und Frauenküssen in der Ukraine, in Weißrußland, im Kaukasus (Taganrog!) empfangen, saß als Landser des Lächelns auf den Geschützlafetten und herzte die befreiten Kinder. Danach, so die allgemeine Meinung, seien SS, Gestapo und die braunen Bonzen gekommen und hätten den befohlenen Völkermord erledigt.

Richtig scheint zu sein, daß beide, Wehrmacht und die nachrückende kriminelle Vereinigung, sich prächtig ergänzt haben.

Aus den Feldpostbriefen ist heute zu entnehmen, daß die Vermutung, Ansammlungen von Männern, die über längere Zeit vom Schutz ihrer Frauen ausgeschlossen werden, könnten einen Überschuß von Idiotie erzeugen, richtig ist.

Was an Beweisen für die Lust am Mord von jungen Wehrmachtssoldaten an der Beseitigung von Ungeziefer vorliegt, ist niederschmetternd.

Die Jungens waren vorgeschult, hatten ein Menschenbild gelernt, das die Existenz von unblonden Schniefnasen ausschloß, sahen in ihren Unterrichtsstunden immer diesen in die Weite blickenden Übermenschen mit den strotzenden Muskeln und wußten nicht, daß es sich dabei um das Ideal der Renaissance, den David von Michelangelo, handelte, um einen Juden.

Was man auch immer gegen Hitler sagen kann. Er war keiner.

Aber er hatte die Sehnsucht, einer zu sein.

Es ist das Schicksal eines Philosemiten.

Wir sind alle auf einen Antisemiten reingefallen, der keiner war.

Der bayerische Hühnerzüchter Heinrich Himmler hat ihn im Herbst 1943 einmal irritiert angeschaut (Wochenschau!). Es muß der Augenblick gewesen sein, in dem er Hitler durchschaut hat.

Was, um Hitlers willen, wird dann den Herrn Schnarchnagel vom *Bayernkurier* noch motivieren können?

Aber dieser Herr setzt sich in Talk-Shows, erweckt den Eindruck, er wisse, worum es sich handle, hat keine Ahnung, weiß nur, daß seine Partei ihn dorthin geschickt hat, um Nebel zu verbreiten, und das kann er.

Es ging bei Böhmes »Turmschau« nicht um irgendeine Ehre von irgendwelchen Soldaten, es ging um die nächste Wahl in Bayern.

Die CSU hat immer einen Minenhund, und der heißt immer Peter Gauweiler. Der reißt dann die Frage auf, ob nicht irgendwes Ehre durch irgendwas beschmutzt würde, was wiederum irgendwelche Niedertrachtenverbände in irgendwelchen oberbayerischen Ignoranzbezirken zum Aufpflanzen ihrer Standarten animiert.

Wer immer in Bayern residiert, kann sich raushalten, sagt den Journalisten, daß er sich schäme, sammelt aber unverschämt die Stimmen der Nazis ein, die sich bedanken für diese gezielte Haltungslosigkeit.

Es ist nun schon eine Weile her, aber wir sind nicht wenige, die Sätze im Ohr behalten können wie Gestank in der Nase. Wir haben also den Satz noch in der Nase, Herr Reemtsma solle doch erst mal nachzählen, wie viele Tote er durch den Verkauf seiner Zigaretten auf dem Konto hätte, bevor er die Toten durch die Massenerschießungen der Wehrmacht zur Beschmutzung der Ehre und Besudelung und moralischen Verschnudelung entehren würde.

Das Wissen um die Vorgänge in den letzten Kriegsjahren und das Sichdummstellen derer, die den Verursachern des bösen Gewissens um den Bart gehen wollen, erzeugt dieses Mißverhältnis, das Komik erzeugt. Nicht alle leiden darunter.

Für die, die es tun, gibt es unter anderem die Karikatur. Manchmal wirkt sie, bei mir jedenfalls, wie ein schmerzstillendes Mittel. Hätte ich in den Tagen des Zweifelns an unserer Republik zu erwähntem Thema in meiner Zeitung diese Karikatur entdecken können, hätte ich zumindest die Gewißheit gehabt: Ich lese die richtige Zeitung.

Erfahre ich aber, daß diese Karikatur in meiner Zeitung nicht erschien, weil die vorhersehbare Reaktion der Leser das verhindert hat, werde ich natürlich an meiner eigenen Meinung irre. Die alles wissende Zeitung

EXPERTENKOMMENTAR ZUR REEMTSMA-

lenkt mich. Sie bezahlt Spezialisten, und ich glaube das, wovon ich nichts weiß.

Bekomme ich dann aber auf die Frage, warum diese Karikatur, von der ich inzwischen weiß, daß sie die leitenden Redakteure der Zeitung unruhig machte, nicht gedruckt wurde, die Antwort eines Ressortchefs: »Man kann sich eben die Leser seiner Zeitung nicht aussuchen«, dann bestelle ich dieses Blatt sofort ab.

Dann weise ich jede Kritik zurück, die mir aus dieser Zeitung entgegenkommt. Sie ist nicht mehr zuständig. Sie kann auf ihre eigenen Kommentare verzichten, weil ich als Leser zu der Vermutung gedrängt werde, es wären Kommentare, die, nach Einschätzung der Leser des Blattes, nach ihnen ausgerichtet worden sind.

Vielleicht ist das nur ein Einzelfall, möglicherweise ein vorübergehender Unfall, nur ein individueller Anfall eines Chefredakteurs, aber daß so etwas überhaupt zu einem Fall geworden ist, macht Sorgen.

Man kann sich die Leser nicht aussuchen bedeutet in Wahrheit, daß man sich die Firmen nicht aussuchen kann, die das Geld bringen. Ziehen die ihre Anzeigen zurück, weil ihnen die politische Haltung des Blattes nicht paßt, kann sich das Blatt auch nicht die Gehälter der Redakteure leisten, die diese Haltung im Blatt verbreiten.

Die Bezahler fordern Opfer von den Bezahlten.

Warum sollte das im Journalismus anders sein?

Und warum sollte ich mir Gedanken machen um das Fortbestehen einer traditionell gut funktionierenden Meinungsbörse im Lande?

Weiß ich auch nicht.

Vermutlich habe ich das noch dumpfe Gefühl, es könnte sich die eine oder andere Meinung inzwischen die bessere Lobby besorgt haben.

Meinungsfreiheit als Vorrecht der Besserverdienenden?

Es wird wohl schon so sein.

Meinungsumschwünge, Pendelbewegungen des Geschmacks, sind, so meine ich, nicht so direkt an den Leitartikeln oder Kommentaren abzulesen, sondern an der Auswahl der Leserbriefe. Von diesem Ressort aus kann man die Haltung der Zeitung stärker beeinflussen als von der Bastion der kommentierenden Wissenden, die ihre Ansichten so plump selbstbezogen äußern. Würden sie ihre Ansichten so lange zurückhalten, bis sie von der Leserbriefredaktion die Meinung der Leser erhalten hätte, würde das der Zeitung einen Vorsprung vor den Zeitungen einräumen, die einfach so vor sich hin denken.

Die jüngste Erkenntnis in meinem etwas abgenutzten Leben: Warte ab, was die Leser deines Blattes meinen, bevor du eine Zeitung für deine eigene Meinung machst.

Und genau so funktionieren 80 Prozent aller Druckerzeugnisse in diesem Lande. Sage mir, was du denkst, und ich mache eine Zeitung aus dir.

Es gibt inzwischen ein paar Millionen Zielgruppen für Zeitungen, die Zielgruppen bedienen mit Zeitungen, die sich gegenseitig bestätigen, daß sie die Meinung ihrer Gruppen haben, die wiederum durch Zeitungen unterstützt werden, die ... alle als Nullnummern mit einem Begleitbrief und der Frage, was ich von ihnen halte, in meinem Briefkasten enden.

Ein Jahr lang habe ich den *Miesbacher Anzeiger* gelesen, ein hinterlistiges Geburtstagsgeschenk von Gerhard Polt.

Das Sympathische an mir ist, daß ich überhaupt nicht nachtragend bin. Ich kann glockenhell lachen, wenn ich höre, daß die Gründer der CSU sich ob des rechtsextremen Schnuppertrips der heutigen Partei im Grabe herumdrehten. Sie müßten doch dann schon 30 Jahre lang rotieren.

In Bayern dreht sich nichts. Höchstens der Wind. Aber das auch nicht entscheidend.

Wer immer der Heilige Vater sein mag, er läßt sein gütiges Auge auf diesem wunderschönen Lande ruhen, denn hier weiß er seine treuen Kreuzritter gegen den noch immer nicht besiegten Sozialismus.

Die Lebewesen auf dieser Erde sind unberechenbar, bösartig, allzeit unzufrieden, neidisch, gierig, geil und mordlustig.

Aber was wollen sie machen, die Götter, sie können sich die Menschen nicht aussuchen, die auf der Erde leben.

Gott und der Papst können, so wie die Dinge auf dem Nato-Markt laufen, glücklich sein. Der Kommun-Sozial-Stalinismus, der Waffenkrieg ist beendet. Die »Osterweiterung« der Nato auf Polen, Ungarn, Tschechien u. a. bedeutet, daß die Firmen Lockheed und GM und wie sie alle heißen, die Nachrüstung der neuen Nato-Partner betreuen. Sie bedeutet aber auch, daß die USA die Alleinherrschaft auf dem Rüstungsmarkt angetreten haben.

Zunächst hat der Begriff »Osterweiterung« erheitert,

denn eine Erweiterung des riesigen, weiten Ostens schien undenkbar.

Südverkürzung, Westbeschneidung, Nordeinschmelzung, das konnte man sich alles vorstellen, aber den Osten so zu erweitern, daß Waffenvertriebskonzerne ihre Panzer und Kampfbomber an jene Länder verkaufen können, um derentwillen die eigenen Firmen einmal gegründet worden sind, schien absurd.

Ist es nicht mehr. Der Osten wird erweitert und zum Westen gemacht. Irgendwo wird schon noch ein Feind lauern, der diesen gefährlichen Osten darzustellen bereit ist, für den es notwendig ist, Waffen herzustellen … nein, *gegen* den es …

Man muß irgendwas machen, wenn der Frieden anhält.

Es ist so ein merkwürdiges Geräusch in der Luft.

Die Rüstungsbosse in den USA reiben sich die Hände.

# WENN DIE ELISABETH ...

... nicht so schöne Beine hätt' – das sind Reime, die sich mir fest ins Gedächtnis gegraben haben. Da gehen in meinem Gedächtnissilo die Türen auf, und die Texte rumpeln heraus.

Dabei meine ich gar nicht diese Schlager-Elisabeth, sondern die Dame, die so großen Anteil daran hat, daß diese Bundesrepublik so geworden ist, wie sie ist.

Sie hatte sich dem ersten Bundeskanzler zu Füßen gelegt, schenkte ihm ihre gesammelten Erfahrungen aus dem Reichspropaganda-Ministerium und nutzte sie zur Unterstützung der neuen Macht am Rhein. Das fiel damals niemandem auf, weil es so Sitte war. Auch *Der Spiegel* hat, wie man später staunend vernahm, höhere Chargen aus dem Dritten Reich nicht vor den Kopf gestoßen, wenn sie ihre Mitarbeit anboten.

Die Leute im Außenministerium in der Berliner Wilhelmstraße haben damals die Koffer gepackt, als sie hörten, daß Hitler an der Spitze seiner Truppen sich heldenhaft in das Schwert gestürzt habe, wodurch er ein Loch in den Kopf bekam und vergiftet zu Boden sank, mitten in die Arme seines Chauffeurs, der ihn dann angezündet und die Asche an die Russen verscheuert hat, was man heute unter Beutekunst versteht. Und die wollen wir wiederhaben.

Irgendwie so war das. Die höchsten Beamten des Ribbentröpfischen Außenministeriums sind mit ihrem letzten Koffer direkt nach Bonn gereist und haben dort weitergemacht. Und dann ging das los mit dem Freundeunterbringen.

Wer einigermaßen nachweisen konnte, daß er Juden nicht eigenhändig erwürgt hatte, galt schon als verwendungsfähig.

Bevor die Entnazifizierung von unten begonnen hatte, war sie oben schon kein Problem mehr.

Gestapo-Chirurgen hatten längst ihren Freunden die SS-Runen unter dem Arm wegoperiert. Man fing bereits an, sich lustig zu machen über die Angsthasen, die den Fluchtweg über Klüngel, Kirche und Naziverbündete genommen hatten, um nach Argentinien zu entkommen.

In Bonn zu bleiben, war das Sicherste. Gehlen suchte seine alten Freunde auf, die über all die Jahre die KZ gefüllt hatten, um sie für die Fortsetzung des »Pack den Bolschi«-Kampfes mit gutdotierten Jobs anzuwerben.

Und das war die Zeit der Frau Dings ... der Elisabeth ... aber das ist eben nur der Vorname. Wenn ich Otto Köhler in seinem Buch *Unheimliche Publizisten* glauben darf, dann ...

MAIER!

Die Frau Maier!

Dann hat die Frau Maier zu denen gehört, die sehr früh schon den Nationalsozialisten die Demoskopie nahelegen wollten. Das hat Goebbels sehr interessiert. Man muß schließlich wissen, mit welchem Menschenmaterial der Nationalsozialist die Welt verändern wollte. Für die feineren Geister gab es die Zeitung *Das Reich*, in der viele spätere Vordenker der Demokratie ihren Abscheu über die stinkenden, schielenden, schädelverformten Untermenschen der eroberten Ostgebiete geäußert haben. MAIER-LEIBNITZ!

Frau Maier-Leibnitz hatte gespürt, daß das Menschenmaterial in Deutschland für einen Endsieg nicht ausreichen würde, setzte sich langsam ab und formulierte bereits Sätze, die man später als Ausdruck des Widerstandes definieren könnte.

Das hat Konrad Adenauer durchschaut und sofort für sich benutzt, wie er jede Unterwerfung eines im vorigen System Verfangenen gnädig angenommen und zu seinen Gunsten verwertet hat.

Frau Elisabeth Maier-Leibnitz … irgendwie habe ich das Gefühl, daß ich zwar ihre Tätigkeiten und ihr Gesicht aus vielen Interviews kenne, aber noch ist es nicht ihr vollständiger Name.

Gedächtnis, schieb dein Rad an!

Sie fing an, Menschen zu befragen, ob ihnen ihr Leben gefällt, welche Verkehrsmittel sie benutzen und warum andere nicht. Sie wollte wissen, was sie nachts denken, wenn sie nicht schlafen können, oder warum sie sicher sind, daß russische Mongolen sie alle eines Tages vergewaltigen werden. Hinter diesen Fragen steckte immer die vorher durch Umfragen gesicherte Antwort. Manipulation.

Als vorübergehend die Linken die Regierung übernahmen, tat sie alles, um nachzuweisen …

NEUMANN-MAIER-LEIBNITZ!

Es dauert, aber jetzt habe ich es, glaube ich.

Frau Elisabeth Neumann-Maier-Leibnitz.

Als Willy Brandt und Helmut Schmidt dieses Land regierten, hat sie die atemberaubende These in den Raum gestellt, es könnte an der abgrundtief linksverseuchten Fernsehrealität liegen, in der die Unionspolitiker immer mit Mundgeruch fotografiert werden.

Der Weg dieser Frau, vom Reichsgoebbels über Adenauer zum Kiesinger und später zum Kohl, der ihr den braunen Schuh küßte, ist unser Weg.

Und jetzt weiß ich es genau:

ELISABETH NOELLE-NEUMANN-MAIER-LEIBNITZ!

## DAS WURZELWERK
## DES SOZIALEN FRIEDENS

Der bedeutende Sprachschöpfer Schäuble antwortete einmal auf die Frage, wie er sich denn einen sozial gerechten Abbau des Sozialstaates vorstelle, mit der Gegenfrage:

»Wie können wir den Mehltau aus struktureller Erstarrung beseitigen, ohne das Wurzelwerk des sozialen Friedens zu beschädigen?«

Wem ein solcher Satz einfällt, der gehört schon zu den großen Begründern des Neudeutschsprech. Diesen Satz umflattert das Verwöhnaroma des kältesten Kaffees, der ängstlichen Bürgern je eingeschenkt worden ist.

In der Frage, die wie eine Falle gestellt wird, ist die Antwort bereits enthalten. Wie kann man den Abbau des Sozialstaats, der auf Grund der viele Jahre lang geleisteten Vorleistungen der Bürger ungerecht ist, gerecht gestalten? Ich sage: gar nicht.

Der politisch geschulte Sprachschöpfer weiß das natürlich, erkennt auch die Absicht des Fragestellers, müßte dazu eigentlich etwas Wahres sagen, sagt es aber nicht, weil die Zeit für diese Wahrheit noch nicht reif ist. Reif ist diese Zeit immer erst, wenn das, wovor man warnt, bereits geschehen ist.

Als Kurt Georg Kiesinger vor die Frage gestellt wurde, ob er Kanzler werden will oder nicht, hat er vor sich gewarnt und wurde Kanzler. Franz Josef Strauß hat immer vor den anderen gewarnt und wurde es nicht.

Die Leute sind unregierbar geworden. Sie fangen an mitzudenken. In den umliegenden Nationen hält man das für ein förderungswürdiges Projekt. Die Erkenntnis lautet: Wissen die Menschen mehr, halten sie uns nicht mehr so lange mit ihren Irrtümern auf.

Wir fürchten, daß die Zeit, die den Menschen durch ihre Arbeitslosigkeit zuwächst, dazu benutzt werden könnte, durch Wissensanhäufung eigenwillig zu werden. Bisher hat Arbeit immer abgelenkt von den Gedanken der Lenkenden. Inzwischen haben die Arbeitslosen Zeit nachzudenken. Sie stellen das Fernsehen ab, nehmen sich den Satz des Schöpfers Schäuble und stellen sich die Frage:

»Was wollte der Schöpfer damit sagen?«

Von der Schwiegermutter hat er, der Bürger H., einen alten Duden, in dem man nachblättert, was Mehltau bedeutet. Er erfährt, daß Mehltau aus Pilzen besteht, die auf der Pflanze leben und ihr durch Saugorgane die Nahrung entziehen.

Aha, denkt Bürger H., wir sind schädliche Pilze, die keine Partner sind im Überlebenskampf, sondern Sauforgane, Saugorgane, die strukturell erstarrt sind. Und was bedeutet das jetzt wieder? Struktur, sagt der Duden, bedeutet den inneren Aufbau, der durch und mit der Zeit entstanden ist. Wenn Opa zu alt wird, kriegt sein Sohn den Thron.

Dann muß Opa ins kleinere Zimmer mit Oma, und

beide müssen den Enkeln beim Rechnen helfen. Wenn Oma und Opa gestorben sind, werden ihre Habseligkeiten unter den Überlebenden verteilt.

Das ist die Struktur, die erstarrt ist.

Oder Oma und Opa kommen ins Heim, gehen um 18 Uhr schlafen, werden gewartet, gewickelt und auf der Anwesenheitsliste abgehakt, spielen die ihnen in dieser Gesellschaft zugeordnete Rolle und verscheiden dann – meistens von Gott gerufen, so versucht es jedenfalls die Ablebensannonce zu vermitteln – dezent.

Diese an sich schon harte Struktur ist also auch noch erstarrt. Es bedeutet, daß die jungen Leute, mit den Kosten für das Altenheim belastet, förmlich gezwungen sind, ihre Eltern umzubringen, damit sich der Vorgang des Erneuerns beschleunigt.

Die strukturelle Erstarrung des Sprachschöpfers Sch. gibt zu denken, denn er kündigt mit dieser negativen Beurteilung des Lebens seinen Altvorderen an, daß es ein Ende haben müsse mit der fröhlichen Überlebensweise der Rentner. Man muß Oma und Opa die Zähne verstecken, damit sie nichts mehr abbeißen können vom Kuchen der Allgemeinheit. Bis jetzt hat man da gütig zugesehen, hat sie beißen lassen, aber irgendwann wird der Kuchen zu klein, das Boot zu voll, der Zahn der Zeit zu teuer und das Wurzelwerk des sozialen Friedens zu bedroht.

Wenn der Mehltau auf der Wurzel liegt und saugt, und die Wurzel der Staat ist, woran die viel zu teuren Zähne der Altersstruktur knabbern, die völlig erstarrt ist, fürchtet sich der soziale Frieden und geht auf die Straße, brüllt, macht sich mausig und erzeugt diesen

Druck, dem sich der trotzige Oberwurzelzwerg nicht beugen will.

Mit Recht stellt er sich und seinen Freunden die Frage:

»Haben wir das Volk noch in der Hand oder schon am Hals?«

Der Mehltau des sozialen Friedens ist in das Wurzelwerk der erstarrten Struktur geraten, wo Omas Zähne den Knackpunkt des Generationenvertrages nicht mehr zerbeißen können, den man in dem immer verwurzelter werdenden Wurzelwerk gar nicht mehr beschädigen kann, weil es ihn gar nicht mehr gibt.

Der Wurzeltau des Mehlfriedens ist so sozial wie der Verkehrsstau im Rahmen der Beschädigung des sozialen Erstarrungsstrukturplans zwischen den Knackpunkten der Generationen, die von Pilz zu Pilz ihre Saugfähigkeit weiterverpflanzen, im Zwergwerk des sozialen Free dance.

## GIB LAUT – SPRICH SPRACHE

So blöde ist kein Kamel, daß es durch dieses Nadelöhr gehen würde, von dem man immer behauptet, unter Umständen käme es durch.

Das ist zum Beispiel ein Satz, der durch kein Brandenburger Tor gehen würde, geschweige denn durch ein Nadelöhr.

Aber plötzlich bekommt das Kamel nur durch die Erwähnung eine direkte Beziehung zum Brandenburger Tor. Wer war dieser Tor eigentlich? War er der Tor des Jahres? In welchem Jahr war es? Wer hat ihn geschossen?

War es ein Elfmeter? War es ein falscher Pfiff? Wer war die Schwalbe? War die Schwalbe eine solche?

Was war mit der Pille? Netz oder Null? Irgend jemand hat Tor geschrieen. Und irgend jemand hat auch verkündet, daß unweit des Brandenburger Traumtors ein Riesennadelöhr gebaut wird, durch das die größten Kamele spielend durchgehen.

Deutschen Sprak haben säär gutten Masse von sagen, was ist passiert.

Gebrochenes Deutsch hat etwas Zärtliches. Es nähert sich der Sprache respektvoll an. Es umschreibt und

236

kommt dadurch dem Ursprung des Wortes ganz nahe. Das Karibik-Englisch der geraubten Sklaven aus Afrika, die in Amerika heimisch werden mußten, belegt genauer, was ich meine.

»A piece of wood – you hit it – it's crying.«
Was ist das? Ein Klavier.

Es ist sehr weit entfernt vom Wurzelwerk des sozialen Friedens, liegt aber in guter Konkurrenz zu den Formulierungen des Herrn Joffe (*Süddeutsche Zeitung*), der den »Tiegel des guten Willens« auf die Platte des deutschen Herdes gesetzt hat, was unsereinen ermutigt, den Außenminister zur Maultasche der schwäbischen Genügsamkeit zu erklären.

Im Moment hat mich die Meldung überrascht, daß japanische Forscher es nicht für undenkbar halten, ferngesteuerten Insekten begegnen zu müssen, die den Auftrag haben, mein Innenleben auszuforschen. Möglicherweise könnten sie meine Träume fotografieren!

Bislang hielt die Stasi den Rekord in innermenschlichen Ausspähungsbereichen.

Daß die IB (Informelle Bakterien) Huxley und Orwell überholen würden, daß sie in meinen Kreislauf über meine Ernährung eingeführt werden können, daß sie noch vor mir wüßten, ob der Hörsturz schneller kommen wird als der Dings … bei dem man nichts mehr weiß … der Schlagfluß, bei dem man auch nicht weiß, wie da ein Schlag in den Fluß gerät, genauso wenig, wie Mut und arm in ein Wort gehören, weil so etwas Unschönes wie Armut herauskommt.

Aber auch hier hat das Ding wieder zwei Seiten, wenn man bedenkt, daß ein Einbruch bei einem armen Menschen eine große Demütigung für den Einbrecher bedeuten kann. Jeder gute Polizist weiß: Armut ist der wirksamste Schutz gegen Eigentumsverlust.

Durch die Erfolge des bereits erwähnten japanischen Bio-Robot-Teams in der University of Tokio, das die elektronisch lenkbare Küchenschabe in die Welt gesetzt hat, welche den letzten Rest von Schmutzpartikeln gnadenlos vernichtet, kam das Bundeskriminalamt auf die Idee, der University of Heidelhill einen Forschungsauftrag zu erteilen, mit dem Ziel, die zentralgelenkte Zimmerfliege zu schaffen, die sämtliche Probleme des Lauschangriffs auf die Privatsphäre lösen könnte.

Der Rechnungshof macht allerdings noch Schwierigkeiten, weil er den zu erwartenden Kosten, man rechnet pro Fliege mit 1,3 Millionen, die zu kurze Lebensdauer des Überwachungsflugkörpers gegenüberstellt. Vermutlich wird man es mit Schildkröten oder Hamstern versuchen.

In nicht allzu ferner Zukunft wird man es ohnehin mit Lauschbakterien (LB) zu tun haben.

Entsprechende Versuche sollen schon zu Erfolgen geführt haben. Eine LB hat sich aus der Leber des zu Überwachenden gemeldet.

Daß Spaßvögel hie und da ihre Spaßvögeleien zur Verunernstung betreiben und eine Lauschbakterie sich gemeldet haben soll mit dem Satz: »Ich befinde mich hier in der Satteltasche des Trojanischen Pferdes«, muß man mit dem Willen zur Entzweiflung entschuldigen. Aus der Pfanne des bösen Wollens des Herrn Joffe, in die man als Landei geschlagen worden ist, schaut keiner mehr über den Pfannenrand. Niemals hat der Russe vor der Tür gestanden, immer der besoffene Bruder von ihm, der Wahnsinn.

Ich mache keine Tür mehr auf. Ich mache nur noch letzte Zeilen. Sagen wir mal so:

> Es wird kalt, die Glieder schmerzen,
> lange wird man hier nicht mehr verweilen.
> Was mich sticht, das kommt von Herzen,
> und es schneit auf meine letzten Zeilen.

Wegwischen und neu ansetzen. Auch die Sache mit dem Nadelöhr. So blöde ist kein Kamel. Interessanter wäre die Frage, ob man ein Kamel über eine Eselsbrücke locken könnte.

DIE MAUS!

Die ganze Zeit denke ich über das ideale Überlauschtier in der Wohnung nach. Die Maus natürlich.

Inzwischen ist die Maus durch das Fernsehen so vermenschlicht worden, daß der Besitz von Mausefallen ernsthafte Zweifel an der humanitären Gesinnung des Fallenstellers auslösen würde. Niemand würde es wagen, eine Maus umzubringen. Die satten Katzen wären sowieso nicht mehr in der Lage, sie zu fangen. Die Lauschmaus, die Hausmaus, die bei den Kindern inzwischen über die Pausenstulle laufen darf, die Verursacherin von unzähligen Mäusewitzen, wäre eine unverdächtige Nachrichtenübermittlerin für das Bundeskriminalamt.

Sie müßte natürlich grau sein. Weiße Mäuse würden dem Lauschobjekt auffallen.

Aber auch die Lauschmaus hat keine Chance mehr. Die Mitteilungen, die sich die fernsehgestylte Familie macht, läßt, genauso wie es die Mitteilungen der Politiker tun, keine Informationen mehr durch.

Die Familie spricht so, wie es seit Jahr und Tag aus dem Kasten kommt.

Opa wertete die von 70 Prozent des durchschnittlichen Nettolohns kontinuierlich auf 64 Prozent abgesenkte Rente als eine konsumorientierte notwendige Maßnahme. Je geringer der Anstieg der Senkung, führte er aus, um so folgerichtiger die verstärkte nettobezogene Erhöhung des Abstiegs der lebenserwartungsbezogenen Leistungen.

Tante Else räumte daraufhin ein, verwies aber, was Onkel Otto zum Anlaß nahm, den Neffen Elfried in völlig unsachlicher Form, woraufhin Elfried in diesem Zusammenhang ablehnte, und zwar betonte er das, zunächst im Vorfeld, erwähnte aber auch das Umfeld und vergaß auch nicht die unumstößliche Tatsache, daß sie auf Grund eines sexuellen Mißverständnisses Schönfeld hieße, was Oma zum Anlaß nahm, aber wann hätte sie den nicht genommen!

Tante Martha vermochte nicht überzeugend zu erklären, riß jeden Satz ihres Ehegatten aus dem Zusammenhang, was diesen auf den Weg führte, jegliche Bedenken zu zerstreuen, die dann grundlos, zusammenhanglos durch den Raum flatterten und in demselben stecken blieben, zerstreut, bedenkenlos, was aus der völligen Zusammenhanglosigkeit der Argumentenverkettung heraus oder herein zu dem Antrag führte, ein Sparschwein zu schnüren, das über den Flammen der Unvereinbarkeiten, worin das Paket der Gemeinsamkeiten dem Verzehr zugeführt wird, zur Durchführung gebracht wurde.

Wer aus den Gesprächen innerhalb der Familljen Informationen schöpfen möchte, hat keine Chancen mehr, etwas Wesentliches zu erfahren. Dort wird bereits so geredet wie in den Verkündigungen der Nachrichtenagenturen.

Opa hat unmißverständlich erklärt – Oma hat energisch zurückgewiesen – Enkel Detlev räumt Oma und Opa ein. Mutti macht Probleme, sie muß viel arbeiten und verweist auf Diskrepanzen.

Papa säuft. Einschränkend möchte er allerdings betonen ...

Niemand weiß was, alle würden schwören, es sei alles so gewesen, wie ... wie ... ja, was war denn?

War was?

Eine schöne Vorstellung wäre auch der Einsatz von Observierungsmäusen bei konkurrierenden Parteifreunden. Stoiber läßt Waigel eine Maus in den Pelz setzen, was Waigel nicht nötig hat, denn er hat den fülligen Generalsekretär Protzner bereits als Maus eingesetzt, was der selbst offenbar gar nicht gemerkt hat.

Die Ollenhauerhausmaus Oskar hat sich inzwischen listig in die Ohren geschlichen. Nichts ist leichter, als Lafontaine als Maus zu zeichnen. Daß Sozialdemokraten seit zwei Jahren den Genossen anstupsen und genüßlich zischen: »Du hast eine Maus im Ohr«, ist kein Gespräch mehr, es ist die allen bekannte Tatsache, daß OL bereits die Kanzlerhosen anprobiert.

Er hat seinen Hut in den Ring geworfen. Auch so eine Formulierung. Wie arrogant ist einer, der in diesen Ring seinen Hut wirft? Er kriegt ihn nie wieder!

Gerhard Schröder hat ihn ripps-rapps zerbissen, be-

vor Rudolf, der Scharping, ihn hätte anprobieren können.

Es gibt Schwierigkeiten für realitätsgeprügelte Sozialdemokraten. Man müßte einen Mann haben, der wie der
Labour-Blair in England seinen Hut in die Arena wirft
und mit Hilfe seiner PR-Abteilung weismachen kann,
daß der Hut eine Bombe ist.

Viel schlimmer ist, daß unsere Sozialdemokraten keinen Hut haben.

Womit soll man werfen?

Wen soll man treffen?

Was soll man tun, außer dem, was man ohne Aussicht
auf Erfolg bisher schon getan hat? Mitmischen. Das ist
es.

Mir wäre lieber, wenn ihr euch notwendig machtet.

Das Stück, das da gespielt wird, schwächelt.

Ist in den Theaterrezensionen immer häufiger zu lesen.

Wenn es so ist, daß ein Theaterstück schwächelt, kann
es auch stärkeln. Es kann auch schlechteln. Dann muß es
auch güteln dürfen.

Ich ziehe selten einen bayerischen Trachtenanzug an,
also nördele ich.

Und manchmal ernstle ich.

Ohne geisteln zu wollen.

Wenn was schwächelt, müdelt es und tötelt.

Und wenn man das ganz wenig laut sagen möchte, lei-
selt man.

Nichts gegen den Satz, den ich von einem ganz normalen Bürgermeister einer brandenburgischen Gemeinde gehört habe, der einem Kamerateam irgendeines Sen-
ders mitteilte, welche kulturellen Initiativen in seiner

Gemeinde stattfinden, der da lautete: »Wir haben downtown am Patchwork eine ganz gute streetball-challenge.«

Man muß sie langsam annehmen, diese Sprache. Man weiß sonst nicht mehr, wo die Challenges sind, weil ja auch die Bürgermeister immer jünger werden, und darauf bin ich erst jetzt gekommen.

Honoratioren waren für mich immer bärtige Altväter. Zwischen Feuerzangenbowle und eigenem Großvater. Und nun kommen Bürgermeister auf mich zu, die aussehen, als wären sie 40 Jahre jünger als ich.

Sie wären nicht so, sie sind es.

Ich lese Interviews, in denen Musiker locker über ihre Arbeit reden, wobei folgendes herauskommt:

»Im Studio haben wir den fertigen Mix am Apple gecutted, schließlich gemastert. Kicks und Tracks, Dubeffects, alles super und hip, manchmal Trip Hop, aber immer straight on für die Kids und cool. Street-culture, you know.«

## GESCHICHTEN BLEIBEN EIGENTUM

Der Bestand an Gedächtnis schrumpft, der Besitz an Eigentum schmilzt, der Charme verkümmert, es wird immer von allem etwas weniger, nur das Alter hat Zukunft. Was immer man nicht wird in seinem Leben, älter wird man mit Sicherheit.

Überall tut es zunehmend weh, der Blick in den Spiegel bestätigt, daß man Fortschritte auf dem Gebiet der Faltenbildung macht, daß man sich den Bildern seiner Ahnen würdig nähert, man spürt die Kniestiche beim Treppensteigen, man träumt sogar älter, braucht ein bißchen mehr Alkohol als früher, um betrunken zu werden, läuft die 100 Meter auch nicht mehr ganz so mühelos, verliert schon mal häufiger ein Tennismatch, läßt den einen oder anderen Bungeesprung von der Eisenbahnbrücke aus und ist beim Buckelpistenfahren nicht mehr unter den ersten Zehn. Langsam muß man auf sich achten.

Eins aber behält man in jugendlicher Uraltfrische: die Geschichten.

Und weil man nie genau weiß, ob man noch einmal etwas erzählen kann, und auch nie sicher sein kann, ob nicht die Freunde, die diese Geschichten auch kennen,

246

sie erzählt haben, erzähle ich sicherheitshalber meine Lieblingsgeschichte.

Einer meiner besonders geliebten Freunde war der Regisseur Fritz Umgelter. Er inszenierte so um das Jahr 1949 herum in Frankfurt ein Theaterstück eines amerikanischen Autors, das sich mit dem eventuellen letzten Krieg zwischen den Großmächten befaßte.

Sieben oder acht amerikanische Offiziere stehen um einen Sandkasten herum und wiederholen ihren Auftrag, mitten in der Wüste eine Atombombe zu zünden.

Umgelter versammelte ein Team von professionellen Schauspielern, die mit gelerntem Text zu den Proben kamen. Das vorliegende Stück erschien ihnen nicht als bedeutendes Kunstwerk, man war angemessen bei der Sache.

Ein Captain hatte mit einer Spezialtruppe den Auftrag zu erledigen, stand vor dem Sandkasten und wiederholte den ihm vom Generalstab zugedachten streng geheimen Auftrag.

Der Text ging ungefähr folgendermaßen:

»Wir besteigen die Fahrzeuge, fahren um 5 Uhr 35 in nordöstlicher Richtung in die Wüste, erreichen die Oase S., verlassen die Fahrzeuge, postieren die Beobachter, und ich fahre mit zwei Kameraden in einem Jeep südlicher Richtung, und wir erreichen nach 54 Minuten den Einsatzort.«

Die Szene war gut probiert, lief ab, der Text saß, und kein Schauspieler hatte Probleme.

Der Tag der Generalprobe kam.

Vermutlich saß die Szene so gut, daß eigene Probleme der Akteure sich in den Text mischten. Der Captain

setzte zu seinem fünfzig-, sechzigmal geprobten Solo
an:

»Wir besteigen die Fahrzeuge, fahren um 5 Uhr 35 in
nordöstlicher Richtung in die Wüste, erreichen die Oase
S., verlassen die Fahrzeuge, postieren die Beobachter,
und ich fahre mit zwei Kameraden in einem Jeep in südlicher Richtung, und wir erreichen nach 54 Minuten das
Arbeitsamt.«

Nach einer Pause von zwei Sekunden brach das Lachen los. Es wollte nicht aufhören. Fritz Umgelter – ein
hochbegabter Lacher – hatte den Kopf im Sakko versteckt, die Techniker waren zusammengesunken, die
Regieassistentin hatte das Textbuch über die Sitze geworfen, der Akteur aber wußte den Grund für die allgemeine Heiterkeit nicht.

Das erhöhte das Vergnügen der Kollegen.

Als man ihm erklärte, er hätte, mitten in der Wüste,
das Arbeitsamt erreicht, begann er zu lachen.

Fritz Umgelter, selbst noch ein bißchen lachschluch-
zend, versuchte den Ernst der Lage – am nächsten Tag
war Premiere – wiederherzustellen. Der nächste Versuch,
diese Szene, die eigentlich gar nicht so wichtig war für
die Aussage des Stückes, zu stabilisieren, ließ sich recht
gut an. Der Captain kam mit hohem Ernst zu dem Satz
»… und wir erreichen nach 54 Minuten …«

In diesem Augenblick prustete das gesamte Ensemble,
das um den Sandkasten herumstand: »Das Arbeitsamt!«

Umgelter ahnte Unheil. Er war inzwischen ungedul-
dig geworden.

Nach dem siebten Versuch, diese Szene ohne einen
Lachanfall des Ensembles zu überstehen, raste er auf die

Bühne, hieb auf den Sandkasten und schrie: »Arbeitsamt! Arbeitsamt! Arbeitsamt!«

Tags darauf war die Premiere.

Umgelters Fritz saß in der Garderobe seines Hauptdarstellers und flüsterte ihm ein: »Schnutzi, schau. Wüste. Hitze. Nix Arbeitsamt. Einsatzort.«

Premiere: Der Captain ist grandios. Er ist überlegen. Er ist der Sache gewachsen. Er beginnt seinen Wüstenmonolog lässig, in der Gewißheit, nicht irren zu können. »Wir besteigen die Fahrzeuge, ... erreichen die Oase S., verlassen die Fahrzeuge, ... und wir erreichen nach 54 Minuten den Einsatzort.

Verzeihung ... das Arbeitsamt.«

## »WIE FROH BIN ICH,
## DASS ICH WEG BIN!«

Ein harmloser Satz, so scheint es, aber mit welcher Feierlichkeit spreche ich ihn ein Leben lang. Es ist der Beginn von Goethes *Die Leiden des jungen Werthers*.

Es fing an, als ich 30 Jahre alt war.

Wir sammelten damals diese sogenannten letzten Sätze.

»Dieser Pilz hat jetzt besonders gut …«, und so weiter. Naja, eben nicht weiter. Letzte Sätze vor dem plötzlichen Tod. Mit der Zeit hat es mich gelangweilt, und ich begann erste Sätze zu sammeln.

Romananfänge.

»Diederich Heßling war ein weiches Kind, das am liebsten träumte, sich vor allem fürchtete und viel an den Ohren litt.«

Einige Jahre lang kannte ich sie alle auswendig, und Freunde spielten das Spiel mit. Wie schwer es Dichtern fällt, einem längst fertigen Konzept einen allerersten Satz zu geben, wissen wir von Günter Grass.

»Ilsebill salzte nach.« Ilsebill stammt aus dem *Butt*. »Bevor gezeugt wurde, gab es Hammelschulter zu Bohnen und Birnen.«

Das ist schon der zweite Satz, aber bei Grass ist manchmal der erste Satz zu kurz.

Manchmal spiele ich das Spiel heute noch. Mit mir allein. Heßling, der an den Ohren litt, war immer leicht, weil es den berühmten Film von Staudte gab, aber mancher Anfang kann Kopfzerbrechen bereiten.

»Er saß, allen behördlichen Vorschriften zum Trotz, rittlings auf der Kanone Zam-Zammah, die auf ihrem Backsteinsockel gegenüber dem alten Ajaib-Gher stand – dem Wunderhaus, wie die Eingeborenen das Museum von Lahore nennen.«

Kiplings *Kim* fängt so an:

»An einem Donnerstag um 7 Uhr 23 erwachte der Polizeihauptwachtmeister Gronauer aus schwerem Schlaf, sah seinen Revolver auf dem Nachtkästchen liegen, erkannte die günstige Gelegenheit und erschoß sich.«

Es ist nur von mir, der Beginn eines alten Textes, der Versuch einer Parodie auf den *Spiegel*.

Einstmals kannte ich diesen Romananfang auswendig:

»Es eröffnete sich zu dieser unsrer Zeit, von welcher man glaubt, daß es die letzte sei, unter geringen Leuten eine Sucht, in deren die Patienten, wann sie daran krank liegen und so viel zusammengeraspelt und erschachtert haben, daß sie neben ein paar Hellern im Beutel ein närrisches Kleid auf die neue Mode mit tausenderlei seidnen Bändern antragen können, oder sonst etwas durch Glücksfall mannhaft und bekannt worden, gleich rittermäßige Herren und adlige Personen von uraltem Geschlecht sein wollen, da sich doch oft befindet und auf fleißiges Nachforschen nichts anderes herauskommt, als daß ihre Vor-Eltern Schornsteinfeger, Taglöhner, Karchelzieher und Lastträger, ihre Vettern Eseltreiber, Taschenspieler, Gaukler und Seiltänzer, ihre Brüder Büttel und Schergen, ihre Schwestern Nähterin, Wäscherin, Besenbinderinnen oder wohl gar Huren, ihre Mütter Kupplerinnen oder gar Hexen und in Summa ihr ganzes Geschlecht von allein zweiunddreißig Ahnichen her also besudelt und befleckt gewesen, als des Zuckerbastels Zunft zu Prag immer sein mögen.«

(Grimmelshausen: *Simplicissimus*)

Joseph Roth legt in *Arbeitslos* den Anfang kürzer an:

»… In einem dunklen Gäßchen ging eine Haustür auf.«

Der mir liebste Romananfang:

»Es war Ende November, bei Tauwetter, als gegen neun Uhr morgens ein Zug der Petersburg-Warschauer Bahn sich mit Volldampf Petersburg näherte.«

(Dostojewski: *Der Idiot*)

»Ismail starrte in die Wüste, erschoß sein Kamel und ging dem Durst entgegen.«

Ein Anfang, von mir formuliert, der vielleicht einmal zu einem Roman führt.

Die ersten Sätze von Joseph Heller faszinieren mich besonders.

»Absisag, die Sunemitin, wäscht ihre Hände, pudert die Arme, legt ihr Gewand ab und nähert sich meinem Bett, um sich auf mich zu legen.«

Da fängt was an.

Und dann noch der Anfang, der mein Leserleben überhaupt eröffnet hat:

»Es war um die Mittagszeit eines sehr heißen Juni-tages, als der »Dogfish«, einer der größten Personen- und Güterdampfer des Arkansas, mit seinen mächtigen Schaufelrädern die Fluten des Stromes peitschte.«

Mark Twain! Na sicher! Wer sonst sollte …?

Nein, nein. Karl May. *Der Schatz im Silbersee.*

Es ist ein schönes Spiel. Warum kann man es nicht gemeinsam im Internet spielen? Natürlich muß alles, was gemeinsam gespielt wird, mit Preisen ausgelobt werden. Wie wäre es, wenn wir die Internet-Teilnehmer auffordern, die Romananfänge weiterzusurfen? Was kommt dabei heraus, wenn das Schicksal von Werther ganz anders verläuft? Vielleicht entdecken wir Dichter?

Man muß, wenn man schon Spiele vorschlägt, einen Beitrag leisten. Also: »An einem vermiesten Montag, gleich gegen 8 Uhr, saß der Lokführer Schubbelmann mit verquollenem Gesicht auf seinem Lokführersitz, steuerte mißmutig seinen Personenzug von Dumpfdüler nach Mumpfbühler, sah auf seiner eingleisigen Strecke einen Gegenzug mit großer Geschwindigkeit auf sich zukommen und fragte trägen Tones seinen Zugbegleiter:

»Sag mal, Kuno, hast du manchmal auch so Tage, wo alles aufeinandertrifft?«

Und das ist der Moment, in dem erste Sätze letzte werden.

Wir werden alle nie wieder voneinander hören.

Schreiben Sie mir nicht, ich bin nicht zu Hause.

Und rufen Sie mich nicht an.

Wir haben drahtlose Telefone.

Ich werde wahnsinnig. Es klingelt. Aber wo ist der Hörer? Nein, die Sprechmuschel, in die man hineinspricht.

Wahrscheinlich unter irgendeinem Zeitungsstapel. Oder unter einem Kissen?

»Renate, wo hast du ihn gestern …?«

»Iich??« kommt die Antwort. »Duu hast …!«

Wo ist dieses Scheißding?

Irgend jemand ruft an, den ich vermutlich sehr schätze, sonst würde er mich nicht anrufen.

»Heeeeee«, ruft Renate, »bist du sicher, daß du gestern beide Hörer für beide Nummern nicht an die Tafel gehängt hast, wo dran steht, zu welchem Arzt ich morgen muß oder du?«

Der Hörer, in den hinein angerufen worden ist, liegt in der Wäschetruhe und wäre am nächsten Morgen gewaschen worden, wenn nicht liebe Freunde angerufen hätten.

Ich übertreibe gern. Das Dumme ist, es ist in keiner Weise übertrieben. Und jetzt ruft gerade wieder jemand an.

»Madeleine legte den Hörer auf. Würde er jemals wissen, daß sie ihm eine Liebeserklärung gemacht hat?«

Sie kommen nicht zusammen. Er hat den Hörer nicht gefunden.

Und jetzt kein Wort mehr. Ich gestehe, ich hätte nie mit diesem Buch angefangen, wenn ich geahnt hätte, wie traurig es endet.